纪念改革开放40年丛书

中国农业发展40年：
回顾与展望

唐　忠　等著

中国财经出版传媒集团
经济科学出版社
Economic Science Press

图书在版编目（CIP）数据

中国农业发展 40 年：回顾与展望/唐忠等著．
—北京：经济科学出版社，2018.12
（纪念改革开放 40 年丛书）
ISBN 978 - 7 - 5218 - 0089 - 0

Ⅰ.①中⋯　Ⅱ.①唐⋯　Ⅲ.①农业经济发展 -
研究 - 中国　Ⅳ.①F323

中国版本图书馆 CIP 数据核字（2018）第 293113 号

责任编辑：王新宇
责任校对：郑淑艳
版式设计：齐　杰
责任印制：王世伟

中国农业发展 40 年：回顾与展望

唐　忠　等著

经济科学出版社出版、发行　新华书店经销
社址：北京市海淀区阜成路甲 28 号　邮编：100142
总编部电话：010 - 88191217　发行部电话：010 - 88191522
网址：www. esp. com. cn
电子邮件：esp@ esp. com. cn
天猫网店：经济科学出版社旗舰店
网址：http://jjkxcbs. tmall. com
北京季蜂印刷有限公司印装
710×1000　16 开　14 印张　220000 字
2018 年 12 月第 1 版　2018 年 12 月第 1 次印刷
ISBN 978 - 7 - 5218 - 0089 - 0　定价：59.00 元
（图书出现印装问题，本社负责调换。电话：010 - 88191510）
（版权所有　侵权必究　打击盗版　举报热线：010 - 88191661
QQ：2242791300　营销中心电话：010 - 88191537
电子邮箱：dbts@ esp. com. cn）

前言/PREFACE

　　1978 年，中国发生了很多大事，党的十一届三中全会的召开无疑是那一年最重大的事件。然而，对于安徽小岗村的农民来说，北京发生的大事对他们的意义，一时还无法认识到。这一年，他们为了能多打点粮食把肚子填得饱些，把生产队集体统一经营的耕地，偷偷分到各家各户去耕种。这些冒着坐牢的风险分田到户的农民，当时肯定不敢想也没有时间去想他们的行为会迅速蔓延开来，从而拉开了农村改革的大幕。40 年前农村改革的标志性名词是"包产到户"与"包干到户"。"大包干大包干，直来直去不转弯，交够国家的，留足集体的，剩下都是自己的"，这句流传全国的话，很好地概括了农村改革初期的情况。农村改革最重要的措施，是将过去由生产队集体所有、集体统一经营的土地，在不改变所有制的前提下，按一定方式承包给农户家庭分散经营。后来的一系列政策调整，如提高粮食收购价格与粮食流通体制的改革，鼓励发展乡镇企业，土地承包 15 年不变，15 年到期后又延长 30 年，停止征收农业税，农业支持保护政策的建立与完善等，构成了 40 年来农业发展的壮丽图景。现在回头来看，如果没有真理标准大讨论带来的思想解放，没有党的十一届三中全会把党的工作重心转移到经济建设上来这一重大决策，小岗村农民冒着风险进行的分田到户行为，也不一定能成为中国改革开放这一历史大剧的第一幕。

1978 年，我是一名初中学生，那一年的 9 月，我升入初三，准备第二年考高中。14 岁的我，住在贵州瓮安县离乌江很近的村子里，每天与同村的伙伴们在山路上步行 40 分钟左右去公社的小学上初中，是的，我们在"小学"上初中。我们的学校叫龙塘小学，带帽办了三年制初中，我就是在小学里获得了初中文凭。当时每天吃两顿饭，主食是玉米面和大米混合在一起蒸的二合饭，在村子里我家里条件算好的，饭能吃饱，但蔬菜不多，肉不经常吃，水果就很少吃。当时家里孩子多，兄弟姐妹 5 人，记忆中除了过年，饭桌上肉和菜能让大家吃够不争抢的日子不多。估计当时中国的很多农村家庭都是这样，主食能吃饱就很不错了，肉菜等副食都很不充足。当时的农业发展水平低，无法满足居民的需求。

今天中国的 14 岁少年，不会再有 40 年前 14 岁的我的记忆。今天的城乡居民，家里也不再储存多少粮食，需要了就去超市购买，粮食如此，肉、蛋、奶、蔬菜、水果也如此，市场上各种农产品供应充足，应有尽有，各种食品供应票证早已成为历史，城市居民排队购买农副产品的现象也早已成为历史。

1978 年以来的 40 年，中国农业发展取得了巨大成就。1978 年我国人均粮食产量为 316.6 千克，2017 年为 444.51 千克，人均增加 127.9 千克。1978 年人均棉花产量为 2.25 千克，2017 年为 3.95 千克，人均增加 1.7 千克。1978 年人均油料产量为 5.42 千克，2017 年为 26.85 千克，人均增加 21.41 千克。在人口增长的情况下，这些人均数据的增加，必然意味着产量的更大增长。1978 年，我国粮食产量为 30477 万吨，2017 年为 61791 万吨，增长 102.7%，年均增长 1.83%。1978 年，我国棉花产量为 216.7 万吨，2017 年为 549 万吨，增长 153.3%。1978 年我国油料作物产量为 521.8 万吨，2017 年为 3732 万吨，增长 615.2%。1979 年我国肉类产量为 1062.4 万吨，2017 年为 8431 万吨，增长 673.6%。1978 年我国水产品产量为 465.4 万吨，2017 年为 6938 万吨，增长 13.9 倍。

经济科学出版社决定出一套书来纪念改革开放 40 周年，农村土地制度改革是整个国家经济体制改革的先声，当然必须有一本书来讨论改革开放 40 年来的农业发展。作为中国农业经济问题的研究者，我和同事们也很乐意承担这一任务。改革开放 40 年来，中国农业发生了非常大的变化，中国人民的生活正在从"吃得饱"向"吃得好""吃得健康"转变；农业基本经营制度，农业产出水平与粮食安全形势，农业生产条件与农业现代化水平，国家对农业的支持，农产品国际贸易都发生了很大变化。本书沿着改革开放 40 年来的历史脉络，分十章，依次对中国农业的总体发展、土地制度、财政支农政策、农业经营体系、粮食安全、食品安全、畜牧业发展、农业机械化、农产品市场与流通、农产品国际贸易十个方面对改革开放以来的发展变化进行了梳理回顾，对未来发展进行了展望，以此纪念改革开放 40 周年。

人口多，人均资源少是中国农业发展的基本约束。随着经济发展和人民生活水平的提高，食物消费结构会出现升级。中国正处于食物消费快速升级的收入阶段，农产品需求还会保持上升，如何从数量和质量两个方面保障近 14 亿人的农产品供给，尤其是粮食供给，将永远是中国农业发展的头等大事。农业必须长期关注粮食安全和食品安全，唯有如此，才能实现习近平同志提出的要求：中国人民必须把饭碗牢牢掌握在自己手中，中国人的饭碗里装的主要应该是中国粮食。

邓小平曾经指出：我们改革开放的成功，不是靠本本，而是靠实践，靠实事求是。农村搞家庭联产承包，这个发明权是农民的。农村改革中的好多东西，都是基层创造出来的。

在现代化的进程中，中国农业面临不少挑战，但我们相信，只要尊重农民的创造精神，遵循经济发展规律，勤劳智慧的中国人民，一定能走出一条符合中国国情的农业农村现代化之路。

本书各章作者：第一章：朱勇、唐忠；第二章：唐忠、王晓睿；第三章：毛飞；第四章：钟真；第五章：普蓂喆、郑风田；第六章：高延雷、王志刚；第七章：张利庠、罗千峰；第八章：蔡键、唐忠；第九章：曾寅初；第十章：魏素豪、唐忠。

唐 忠

2018 年 10 月 16 日

目录/CONTENTS

改革开放以来农业发展的成就

2018 年是中国改革开放 40 周年。40 年前开始的改革，是从农村发轫的；农村的改革，是从改革农业基本经营制度开始的。回顾改革开放 40 年来的发展历程，中国农业发生了巨大变化，取得了伟大的成就。本章从整体上对改革开放 40 年来农业发展的成就进行扼要概括，并对未来发展进行简要展望。

第一节 农业产出的变化

改革开放 40 年来，中国经济取得了举世瞩目的成就，国内生产总值由 1978 年的 3645 亿元增长到 2017 年的 827122 亿元，年均名义增长率高达 15.5%；中国国内生产总值占世界的比例由 1978 年的 2.25% 提高到 2017 年的 15% 左右；21 世纪以来，中国经济逐步成为世界经济增长的动力源和稳定器，2017 年中国经济对世界经济增长的贡献率超过 30%。

在农业与农村领域，以土地家庭承包责任制为标志的农村改革，拉开了中国改革的序幕，建立了以家庭承包经营为基础、统分结合的双层经营体制，极大地调动了亿万农民的生产积极性，大大地解放了农村生产力，为农业农村发展提供了坚实的制度保障。中国农业在 40 年间持续快速发展，主要农产品产量快速增长，农业综合生产能力和供给保障能力不断增强，基本解决了农产品总量供给不足的矛盾。近14亿中国人告别了长期的农产品"短缺经济"状态，实现了由"吃不饱"到"吃得饱"的历史性转变。

一、粮食总产量快速增长，确保了国家粮食安全

如图1-1所示，改革开放以来，全国粮食总产量接连跨上新台阶，确保了国家粮食安全，吃不饱饭的问题彻底成为历史。1978年全国粮食总产量仅有30000多万吨，家庭联产承包责任制的建立和农产品提价、工农产品价格"剪刀差"缩小，激发了广大农民的积极性，解放了农业生产力，促进了粮食产量快速增长。2017年全国粮食总产量为61793万吨，比1978年增产了1倍多。

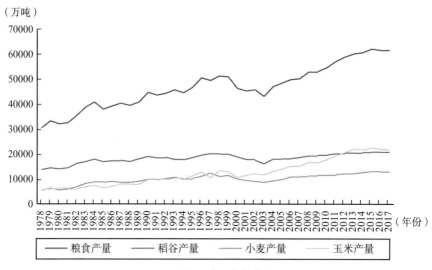

图1-1 改革开放以来粮食产量变化

资料来源：国家统计局。

二、畜产品和水产品总产量增长迅猛，丰富了人民群众的营养

如图1-2所示，从猪牛羊肉总产量来看，1980年全国猪牛羊肉总产

量仅有 1205 万吨，2017 年全国猪牛羊肉总产量为 6557 万吨，比 1980 年增加了 4.44 倍。在主要肉类品种中，1980 年猪肉产量 1134 万吨，2017 年增长到 5452 万吨，比 1980 年增加了 3.81 倍。1980 年牛肉和羊肉产量分别为 27 万吨和 44 万吨，2017 年牛肉和羊肉产量分别达到 635 万吨和 471 万吨，分别比 1980 年增加了 22.52 倍和 9.70 倍。从奶类生产来看，1980 年牛奶产量为 114 万吨，2017 年牛奶产量 3039 万吨，与 1980 年相比，2017 年牛奶产量增长了 25.6 倍。

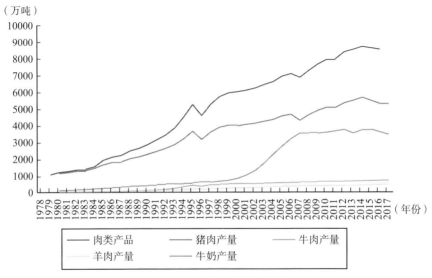

图 1 – 2　畜产品产量与结构

资料来源：国家统计局。

如图 1 – 3 所示，从水产品生产来看，1978 年全国水产品总产量为 465 万吨，2017 年全国水产品总产量增加到 6445 万吨，比 1978 年增长了 12.86 倍，年均增长 6.79%。水产品生产方式发生深刻变化，养殖水产品产量增速快于捕捞水产品，养殖逐渐成为水产品产量增长的主导力量。2017 年养殖水产品产量达到 4906 万吨，占水产品总产量的比重为76.1%。

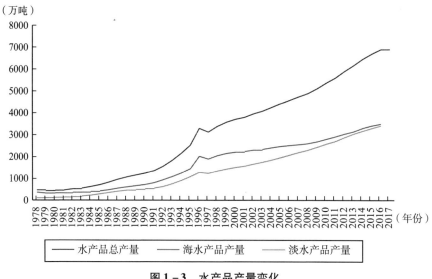

图 1 - 3　水产品产量变化

资料来源：国家统计局。

三、经济作物产量平稳增长，保证了原料供给

如图 1 - 4 所示，从棉花生产来看，1978 年全国棉花产量仅有 217 万吨，2017 年全国棉花产量为 565 万吨，与 1978 年相比，2017 年全国棉花产量增长了 1.6 倍，年均增长 2.5%。棉花产量快速提高，不仅满足了国内城乡居民需求，还为纺织品出口提供了原料保障，为我国成为制造业大国提供了坚实支撑。近年来由于需求下降，库存积压较多，在农业供给侧结构性改革中，国家引导农民合理调减棉花产量。

从油料生产来看，1978 年全国油料产量仅有 522 万吨，2017 年全国油料产量达到 3475 万吨，比 1978 年增加了 5.66 倍，年均增长 4.85%。

从糖料生产来看，1978 年全国糖料产量仅有 2382 万吨，2017 年全国糖料产量 11379 万吨，与 1978 年相比，2017 年全国糖料产量增长 3.77 倍，年均增长 3.99%。近年来受国际市场供大于求进口增长较快、国内人工成本增加、种植效益下降等因素的影响，糖料生产受到抑制，糖料产量高位波动。

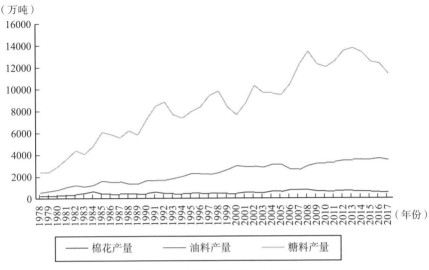

图 1 - 4 主要经济作物产量变化

资料来源：国家统计局。

四、农产品国际贸易规模快速扩大，贸易格局由顺差变为逆差

改革开放 40 年来，中国农产品贸易规模持续快速扩大，贸易地位和影响不断提高。特别是加入世界贸易组织以来，中国农产品贸易总额由 2001 年的 279 亿美元增长到 2017 年的 2013.9 亿美元，增加 6.22 倍，年均增长 13.1%。其中，进口额由 2001 年的 118.5 亿美元增长到 2017 年的 1258.6 亿美元，增加 9.62 倍，年均增长 15.91%；出口额由 2001 年的 160.5 亿美元增长到 2017 年的 755.3 亿美元，增加 3.71 倍，年均增长 10.16%（图 1 -5）。

如图 1 -6 所示，在加入世界贸易组织之前，中国的农产品贸易一直保持为顺差；加入世界贸易组织三年后，即 2004 年，中国农产品贸易首次出现了逆差 46.2 亿美元，之后一直保持为逆差，且逐年增加。2017 年逆差额达到 503.3 亿美元，比 2004 年扩大了 9.89 倍，年均扩大 20.17%。

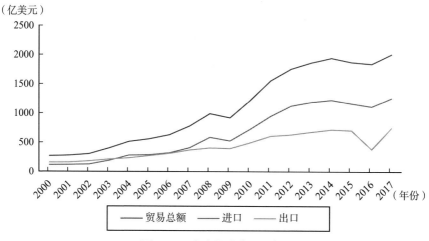

图1-5 农产品进出口总额

资料来源：农业农村部，我国农产品进出口情况，2000—2017年。

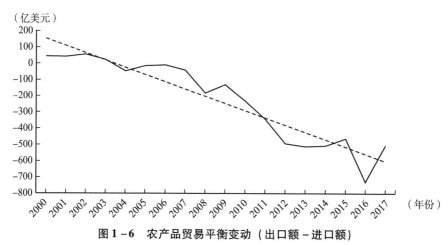

图1-6 农产品贸易平衡变动（出口额－进口额）

资料来源：农业农村部，我国农产品进出口情况，2000—2017年。

第二节 农业的结构变化

一、产出结构的变化

改革开放以来，我国农业产业结构不断调整优化，由以粮食生产为主的种植业经济向多种经营和农林牧渔全面发展转变。如图 1-7 所示，从产值构成来看，1978 年农业产值占农林牧渔四业产值的比重为 80.0%，处于绝对主导地位，林业、畜牧业和渔业产值所占比重分别为 3.4%、15.0% 和 1.6%。经过近 40 年的发展，农林牧渔四业结构日益协调合理。2017 年农业产值占农林牧渔业产值的比重为 55.8%；林业占 4.8%；畜牧业占 28.2%；渔业占 11.1%。改革开放以来，农业占比存在线性下降的趋势，牧业和渔业则有明显的线性提高趋势，林业的占比有所提高，但占比不大。

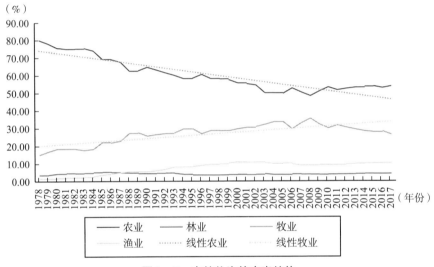

图 1-7 农林牧渔的产出结构

资料来源：国家统计局，中国海关总署。

二、供给能力与渠道的变化

中国在过去 40 年间农产品供给能力的增强不仅仅是依靠国内资源实现的。实际上，在加入世界贸易组织之前，中国的农业还属于创汇农业；加入世界贸易组织三年后，中国的农产品贸易开始变为逆差，且持续至今。与此同时，许多农产品开始由净出口转为净进口。

1. 谷物供给能力与渠道的变化

如图 1-8 所示，2009 年以来，谷物的总进口超过了总出口，此后进口量远高于出口量；尽管如此，与国内生产量相比，谷物进口量总体不多，仍然保持着很高的自给率。以谷物自给率（用 1 减去净进口量对国内总产量的占比乘以 100 表示）为例，2000—2008 年，这一指标多在 100%以上，例外出现在 2004 年，不过谷物自给率仍然高达 98.9%；2009—2011 年，谷物自给率有所下降，但仍保持在 99%的水平之上；2012 年以来自给率则下降到 98%以下，其中最低水平出现在 2015 年，但仍高达94.8%。

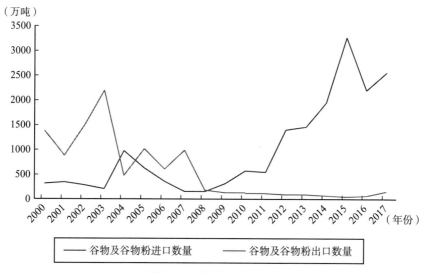

图 1-8 谷物进出口量

资料来源：国家统计局，中国海关总署。

2. 小麦和大米供给能力与渠道的变化

如图 1-9 所示，小麦和大米两种主粮进口量在 2000 年以来有所提高，小麦进口量从 2000 年的 88 万吨增加到 2016 年的 341 万吨；小麦进口量出现了两次峰值，分别是 2004 年的 726 万吨和 2013 年的 553 万吨。

稻谷的进口量从 2000 年的 24 万吨增加到 2016 年的 356 万吨；值得注意的是，2012 年稻谷进口量的大增，从 2011 年的不足 60 万吨猛增到

2012 年的 236 万吨，虽然 2014 年的进口量有所下降，仍然超过了 200 万吨；2015 年的进口量则超过了 300 万吨，2016 年则增加到 356 万吨。稻谷自给率在 2010 年之前都保持在 100% 以上，表示为净出口；2011 年以来有所下降，不过仍然都在 98.5% 以上。

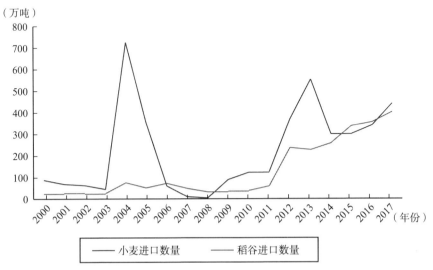

图 1-9 小麦与稻谷进口量

资料来源：国家统计局，中国海关总署。

3. 经济作物供给能力与渠道的变化

如图 1-10 所示，在经济作物方面，自加入世界贸易组织以来，进口量持续快速增长，个别产品进口占全球贸易量的一半左右。具体地，加入世界贸易组织以来，大豆、植物油、棉花、食糖等进口持续快速增长。2000—2017 年，大豆进口量由 1041 万吨增长到 9553 万吨，增加 8 倍，其特点表现为进口量持续增长；食用植物油进口量由 179 万吨增长到 577 万吨，增加 2 倍，进口峰值出现在 2007 年，进口量达 838 万吨；棉花进口量由 5 万吨增长到 115.6 万吨，增加 22 倍，进口峰值出现在 2012 年，进口量达 513 万吨，之后开始出现大幅度下降。食糖进口量则由 120 万吨增加到 229 万吨，增加约 1 倍，峰值出现在 2015 年，进口量为 484.6 万吨。

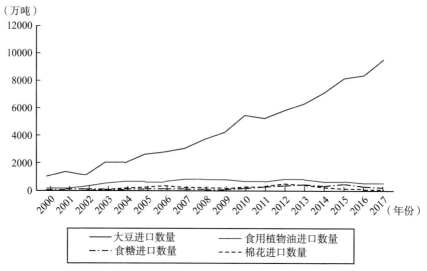

图1-10　主要经济作物进口量

资料来源：国家统计局，中国海关总署。

4. 畜产品的供给能力与渠道的变化

在畜产品中，奶粉、猪肉和羊肉进口量快速增长。2001—2015年，中国乳品进口量由20万吨增长到179万吨，年均增长16.9%，占全球贸易量的比重由1%提高到15.1%；猪肉进口量由9万吨增长到77.8万吨，年均增长16.7%，占全球贸易量的比重由不足3%上升到20.3%；羊肉进口量由3万吨增长到22.3万吨，年均增长15.4%，占全球贸易量的比重由2.1%上升到28.3%。

牛肉和水产品的进口量波动较大。牛肉进口量在2002年曾达到1.1万吨，随后下降到1万吨以下，2009年开始有所恢复，2015年增至47.4万吨，占全球牛肉贸易量的13%。水产品进口量在2005年曾达到407万吨，随后降至400万吨以下，2011年以来有所恢复，2015年达到408.1万吨，占全球水产品贸易量的9.8%。

当然，我国也有不少优势农产品出口量稳步增加。加入世界贸易组织以来，中国蔬菜、水果、水产品等劳动密集型产品出口稳步发展，为带动农民就业增收、农业增值增效发挥了重要作用。加入世界贸易组织以来，中国蔬菜、水果出口量占国内产量的比重不足3%，但出口额占国内产值近6%；水产品出口量占国内产量的比重不足5%，出口额则占国内产值的10%。

中国当前农产品供需的基本平衡是借助于国际农产品贸易实现的，真正体现了利用"两个市场两种资源"的策略来保障国内粮食安全。粗略估计，中国当前进口如此量级的大豆、豆粕、植物油、乳制品等，相当于多增加了国内三分之一的耕地面积。因此，搞好农产品贸易，对于随着收入水平提高逐步实现食物消费升级的国民福祉来讲是非常迫切的。

三、农业竞争力的变化

一般地，一国农产品贸易结构是由其农业竞争力决定的。而农业竞争力从根本上决定于一国的农业资源禀赋的组合：当然在一定时期也依赖于一国所处的发展阶段、制度环境、政策导向和开放水平等。

近年来中国在农业安全战略目标上的考量及由此所推动的农业政策调整都表明了认识客观事实，尊重经济规律可以充分发挥比较优势，利用国际资源实现国家粮食安全战略。也就是说，从数字上看到的中国农业竞争力的变化其实是有利于中国可持续发展战略的。

表1-1展示了中美主要农产品的成本比较。表中可见，与资源优势明显的美国相比，中国的水稻、小麦、玉米和棉花等大宗农产品的生产成本远高于美国，因此中美农产品方面的国际竞争力差异明显。

表1-1　　　　　　　　中美主要农产品成本比较　　　　单位：元/50千克

作物	国家	2009年	2010年	2011年	2012年	2013年	2014年
水稻	美国	83.64	87.45	92.92	87.91	87.48	86.15
	中国	72.44	84.04	95.15	108.65	120.34	119.78
小麦	美国	89.93	71.03	89.25	78.52	91.22	96.32
	中国	73.03	81.58	89.19	105.60	119.48	110.53
玉米	美国	47.11	49.90	55.08	67.28	52.84	48.98
	中国	62.21	67.89	78.91	91.55	101.07	103.86
棉花	美国	720.74	582.50	939.14	735.31	825.25	703.06
	中国	522.76	710.31	799.87	900.38	1035.89	953.70

资料来源：农业部计划司，转引自唐忠《对中国农业发展模式的一点思考》。

第三节　农业投入品的变化

改革开放40年来，中国主要农产品的国内产量大幅度提高，除了农村基本经营制度改革所带来的制度性冲击之外，现代农业要素投入的持续增长也功不可没。

有一种观点认为，农村家庭承包经营制度改革所带来的制度红利，大约在该项制度全面实施10年后，即1987年就已经释放完毕。之后30年间的农业产出增长，主要源于现代农业生产性投入的贡献，具体表现为农业生产中良种、化肥、农药、农膜、农机等工业化农业投入的持续增长。农业基本经营制度的基础作用，对保障农业发展当然还具有持续的生命力，但现代化投入要素不断武装农业，当然也是农业发展的持续动力。

我们没有找到显示良种投入变化方面的数据，据农业部介绍，目前主要农作物良种覆盖率稳定在96%以上。图1-11至图1-15分别显示了农业生产中化肥、农药、农膜、农机等投入在时间上的变化。

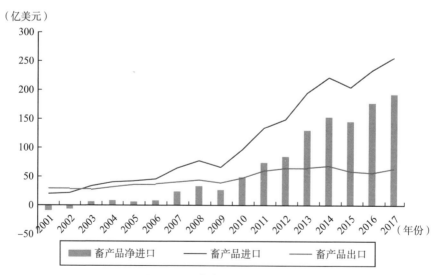

图1-11　畜产品进出口情况

资料来源：国家统计局，农业农村部。

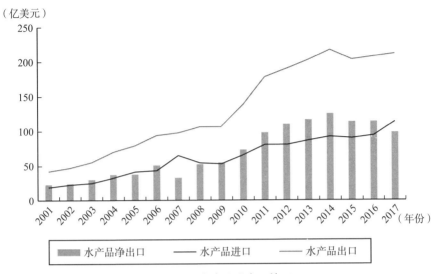

图 1 – 12　水产品进出口情况

资料来源：国家统计局，农业农村部。

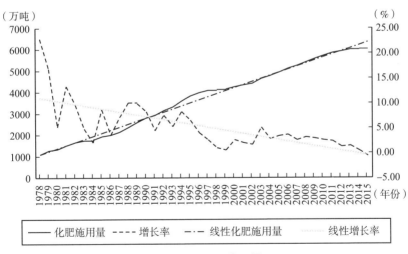

图 1 – 13　化肥施用量

资料来源：国家统计局。

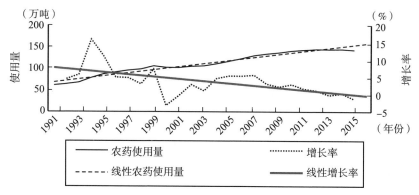

图 1 – 14　农药使用量

资料来源：国家统计局。

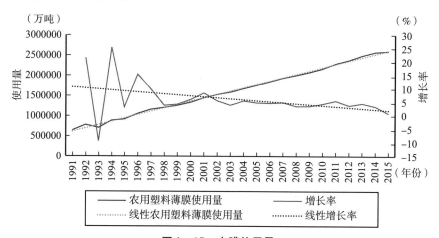

图 1 – 15　农膜使用量

资料来源：国家统计局。

　　近年来，随着农产品供给格局的历史性变化及农业生产可持续发展的客观要求，政府要求逐步减少化肥、农药和农膜等对生态环境有负面影响的投入品的使用。因此，近年来，这三种投入数量开始偏离之前的线性增长趋势，在增长率上表现出了稳定的线性下降趋势。

　　图 1 – 16 所示为农业机械总动力的变化情况，就农业机械总动力来看，40 年来，农业生产中的机械总动力持续稳定上升，增长率基本稳定，体现了农业生产中资本（机械）替代劳动的必然趋势。值得注意的是，2015 年以来，无论是农机总动力还是其增长率都有所下降，说明农机保有量已趋于饱和。

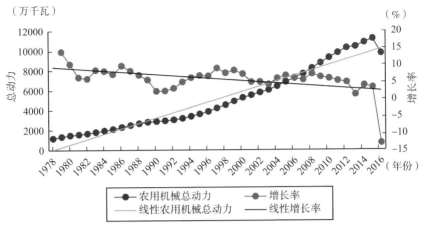

图1-16 农业机械总动力

资料来源：国家统计局。

在农机投入结构中表现出一种喜人的现象。如图1-17所示，1978年全国大中型拖拉机56万台、联合收获机不到2万台。随着工业化、城镇化进程的加快，非农就业机会大量增加，大批农民工进城务工经商，为农业机械化发展提供了契机。据农业部统计，2017年全国大中型拖拉机670万台；联合收获机199万台。农业机械拥有量较快增长，广泛应用，不仅极大地提高了农业劳动生产率，也逐步把农民从历史上"面朝黄土背朝天"的高强度农业生产劳动中解放了出来，显著改善了农业生产条件。

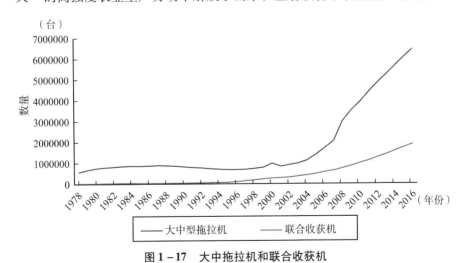

图1-17 大中拖拉机和联合收获机

资料来源：国家统计局。

此外，国家持续加强以农田水利为重点的农业基础设施建设力度，提高农业抵御自然灾害的能力。据水利部统计，1978 年我国耕地灌溉面积近 7 亿亩，2012 年增加到 9.4 亿亩，增长 39.0%，年均增长 1.0%。党的十八大报告以来，国家继续加大农田水利建设，农田水利条件显著改善。2017 年耕地灌溉面积为 10.2 亿亩，比 2012 年增长 8.6%，年均增长 1.7%。

在科学技术是第一生产力的思想指导下，国家高度重视科技的重要作用，大力实施科教兴国战略。据农业农村部统计，2005 年我国农业科技进步贡献率为 48.0%，2012 年达 53.5%，提高了 5.5 个百分点。2017 年农业科技进步贡献率达到 57.5%，比 2012 年提高了 4.0 个百分点。

这些举措对于提高土地产出率、劳动生产率和从总体上提高农业生产率、增强农业的国际竞争力、保障国内大宗农产品的产量都有非常大的贡献。

第四节　农业发展展望

一、农业发展面临的挑战

近来有不少专家学者分析了中国农业发展面临的挑战。韩俊（2017）指出，当前农业农村发展面临着严峻挑战，主要表现在四个方面：农产品供求结构失衡；农业基础竞争力不强；农业资源环境压力持续加大；支撑农民增收的传统动能在逐渐减弱。叶兴庆（2016）指出，国际竞争力下降、可持续发展能力下降、供需匹配能力下降及增收支撑能力下降等是当前农业发展面临的突出矛盾和问题。黄季焜（2017）在谈到中国农业面临的挑战时指出，近年来中国农业面临着三大挑战：一是农民收入问题；二是粮食安全问题；三是可持续发展问题。

这些观点都有一定道理，对中国农业发展面临的严峻挑战的归纳也大同小异，都获得了学者的赞同。需要突出强调的是确保中国的粮食安全，是中国农业发展的长期挑战。

中国近14亿人口的基本国情,是中国农业发展面临的基本约束,确保粮食安全永远都是农业发展的首要目标,无论是短期、中期和长期,这一目标都应贯彻始终。但在保障粮食安全这一目标实现的过程中,不同发展阶段的不同时期所面临的约束是变化的,因此具体的政策和应对措施也应该有所选择,不可能是一成不变的。

具体而言,在"吃不饱"的阶段,最优先的目标应该是保障农产品供给数量,相应地,政策手段都是要克服阻碍产量扩张的各种约束;在"已吃饱"的阶段,在保障农产品稳定供给的基础上,需要满足人们想"吃得好"的需要,因此,要求引入质量导向的政策手段。这就与当前中国农业发展的另一个目标相契合,即确保食品安全。

确保食品安全是新粮食安全观中的应有之义。加强农产品安全的源头治理是农业发展中必须兼顾的另一个重要目标。新颁布的《乡村振兴规划》在保障农产品安全方面强调,实施食品安全战略,加快完善农产品质量和食品安全标准、监管体系,加快建立农产品质量分级及产地准出、市场准入制度。完善农兽药残留限量标准体系,推进农产品生产投入品使用规范化。建立健全农产品质量安全风险评估、监测预警和应急处置机制。实施动植物保护能力提升工程,实现全国动植物检疫防疫联防联控。完善农产品认证体系和农产品质量安全监管追溯系统,着力提高基层监管能力。落实生产经营者主体责任,强化农产品生产经营者的质量安全意识。建立农资和农产品生产企业信用信息系统,对失信市场主体开展联合惩戒。

二、农业发展展望

未来的农业发展在确保新的粮食安全战略这一目标下,必须在政策制定中充分考虑变动的约束条件,探寻中国自己的农业现代化道路。

(1)中国农产品需求将继续增长。随着经济的持续快速增长,中国经济综合实力显著增强,城乡居民收入和生活水平大幅提高,中等收入阶层迅速扩大,居民消费结构不断升级,消费形态正在发生着深刻变化。在农产品消费上,开始了从"吃得饱"向"吃得好"的转变,中国农业发展的主要矛盾已经由过去的总量供给不足转变为结构性矛盾,既要从量上保供给,又要从质上保平安,农业发展需要回应的需求将更加复杂。

（2）资源环境约束将持续趋紧。在农业技术体系没有革命性进步的情况下，农业发展仍然高度依赖自然资源，经济发展的其他部门也会对资源提出需求，因此，农业发展面临的资源环境约束不会放松，只会趋紧。

（3）农业技术体系将向既要缓解资源环境约束，又要回应消费者对高质量食品的需求方向发展。当今的农业现代化，通过生物技术、化学技术、设施农业技术等干预生物体的生长过程，提高农业产量，一定程度上替代土地等自然资源，通过机械技术提供劳动效率，大幅度替代劳动，使农业取得了革命性的发展。但面临的一个问题是，这种现代化农业所生产的食品，在口感等质量方面消费者并不满意，如何既满足数量要求，又满足质量要求，是农业未来的一个发展方向。

（4）中国必须探寻出自己的农业现代化之路。胡志全等（2018）利用世界银行和世界粮农组织的数据，测算了中国的农业现代化水平，结果表明，中国与美国、英国、日本等国之间的农业现代化发展水平的年代差分别为45.3年、31.4年、20.2年。也就是说，当前中国农业现代化发展水平大体相当于美国20世纪60年代末期、英国20世纪80年代初期和日本20世纪90年代初期的水平。他们的研究还指出，这个时期是农业现代化的质变期，也是攻关期；根据发达国家的经验，这个时期推动农业现代化发展的政策核心应当"以推动工业化、城镇化支持农业现代化发展为核心，保障农业的基础地位；推动农业机械化发展，提升机械化及电气化水平；积极发展规模经营，实现农业产业规模化发展；加强农业技术开发和普及，不断提高农业技术产出效率。"（胡志全等，2018）。

中国农业现代化，会按美欧的模式前进吗？很多人表示怀疑，他们认为中国人均农业资源无法与美欧比，中国农业很难实现美欧那样的大规模经营。

中国农业现代化，会按日本等东亚国家的模式走吗？很多人认为日本式的农业规模比较小，缺少竞争力。

因此，中国必须探寻自己的农业现代化之路，既要学习已经实现农业现代化的国家的经验，更要根据自己的条件，因地制宜，探索出自己的现代化模式。国家已经提出了乡村振兴战略，只要我们坚持党的领导，尊重农民群众的创造精神，遵循经济规律和农业发展规律，一定能走出一条农业现代化的中国道路。

第二章

土地制度的变迁[*]

土地，作为农业生产中最基础的生产资料，其重要性自然不必多言。农村土地制度的变化，不仅对农业生产环节起着至关重要的作用，对我国国民经济的发展也有着不可忽视的影响。1978 年，安徽省凤阳县小岗村农民冒着风险实行"包产到户"，标志着中国农村改革大幕的拉开。"大包干大包干，直来直去不转弯，交够国家的，留足集体的，剩下都是自己的"这句流传全国的话，简洁明了地反映了当时改革的特征。"包产到户"迅速遍布全国，到 1982 年 6 月，实行责任制的生产队就已达到99.2%，其中实行大包干的又占到实行责任制队数的 67%；到 1983 年底，实行大包干的生产队达 57.6 万多个，占到实行责任制的生产队数量的99.5%（农牧渔业部计划司，2003）。40 年来，土地承包期限从起初的不确定，到以 15 年为期的一轮承包，后来以 30 年为期的二轮续包，土地承包从起初的"增人增地，减人减地"变为目前的"不得调地"，再到近年来农村土地承包经营权确权颁证等，种种变化、种种新规都标志着以家庭承包为核心的土地制度的不断修正与完善。40 年后的今天，关于我国农村土地制度如何巩固与完善、如何为乡村振兴、农业与农村的发展乃至国家经济的持续增长提供强有力的支持，理论界存在各种不同的争论，例如土地是动态调整还是期限内不再随人口变化而变化？土地集体所有制是否存在权利主体模糊、效率低下等问题？"三权分置"制度下，土地的所有权、承包权、经营权分别是什么含义？在承包权分散的前提下，怎样有效

---

* 此处土地特指农村集体所有的耕地。

地解决土地与劳动力的动态匹配问题……与此同时，各地农村也在进行着各种尝试，贵州湄潭县"生不增，死不减"的试验、山东平度"两田制"试验、集体资产改革、土地承包经营权有偿退出等试点，各地的尝试均为制度的完善提供了宝贵的经验。

本章梳理农村改革40年来农村土地制度的变迁情况，对土地制度的现状进行归纳，对具有争议性的问题进行讨论，并对土地制度的变化趋势进行展望。归纳而言：第一，40年来，我国农村集体土地的所有权内涵得到了不断完善，目前的集体所有权，由具体成员的集体整体的所有权与成员个体的承包权共同构成，"三权分置"政策的出台，在政策层面对这一所有者权利的细分与分享进行了确认与保护，这也是"三权分置"制度的创新之处。第二，我国集体所有制的特性决定，在考虑集体土地的产权配置时，成员权逻辑是先行逻辑，其次才是财产权逻辑。我国土地集体所有制的优势就在于很好地处理了成员权逻辑与财产权逻辑之间的矛盾，并在二者之间实现了平衡，这一方面激发了成员个体的生产积极性，另一方面又避免了完全私有化的弊端。成员权逻辑与财产权逻辑的先后次序也意味着，不能以承包经营制度"长久不变"为名变相实行土地所有权私有化，现阶段仍需坚持土地集体所有，并充分发挥其独特优势。第三，在目前土地集体所有农户承包经营的背景下，租赁而来的土地经营权的物权化可行性非常有限，一些地方在这方面的一些改革试点，要注意防范风险，避免为解决农业新型经营主体的融资困难问题而开出错误的药方。

第一节　改革开放以前的土地制度

改革开放前，我国土地制度经历过多次变革。对长达两千多年的封建社会时期的土地制度，我们将其概括为"地权集中而经营分散"——土地所有权集中在少数地主或其他人手中，大量农户靠租佃土地耕种为生，土地所有权是比较集中的，但土地经营权是分散的。民国时期，中国共产党在其控制地区先后进行了以"减租减息"与"耕者有其田"为核心的土地改革，但是这一时期，土地私有制的本质没有变化，地权依旧集中在地主与富农手中，农业仍然以农户家庭经营为主。农地农有、平均地权的改革，在中华人民共和国成立后才真正实施。通过 1950 年—1952 年的土地改革，到 1952 年年底，3 亿多无地或少地农民分到了 7 亿多亩土地。而始于 1953 年的农业合作化，彻底改变了土地的分配和农业的生产，随后形成的"三级所有，队为基础"的基本经营制度，更是对后续的改革产生了深刻的影响。

一、中华人民共和国成立前的土地制度变迁

远古时期，并没有土地所有权的概念。随着人口的增长、部落的形成，土地开始由部落成员共有。逐渐固化的成员与相应地块的联系，使得所有权的概念逐渐清晰。不论是我国，还是西方，均呈现出类似的发展过程（萧铮，1984；Binswanger，1995）。我国的土地私有制，产生于西周时，农户耕作地块的相对固定、共耕之"公田"的取消、土地继承制度的产生等因素的共同作用下，私有制逐渐产生。一般认为，秦时商鞅"废井田，开阡陌"是土地私有制度合法化的标志，土地私有制度也从这时起成为我国最为主要的土地所有权制度。历史上也有例外时期，北魏太和九年（公元 485 年），孝文帝颁布均田法，该法的推行几乎中断了古代以私有制为主的土地制度（赵冈，2003）。直至唐朝中叶，土地买卖限制放宽、地主豪强兼并加剧，加之"安史之乱"的共同作用，均田制逐渐被破坏，我国土地所有制度重新以私有制为主。

土地所有权与使用权相分离的土地租佃制度也随着土地私有制的发展而产生，其最初诞生于何时已难以考证。普遍认为，明清时期，土地租佃制已经较为普遍，自耕农所拥有的土地往往不足一半。例如"万历九年某地丈量草册，共登记 500 坵田地，其中 34.4% 是自耕；康熙十五年某地西十八都鱼鳞清册，共登记 668 坵田地，24.7% 是自耕（赵冈，2006）"。民国时期，"占人口不到 10% 的地主、富农占地 70% ~80%，而占人口 90%以上的中农、贫农、雇农只占土地的 20% ~30%"的观点广被认同（金德群，1994；陈翰笙，1986）；虽然也有研究者如章有义（1988）、刘大钧（1927）对这一地权分配情况持怀疑态度，但是租佃制度普遍存在是不可否认的事实。

总结而言，中华人民共和国成立以前，土地实行私有制，土地租佃经

营普遍存在，"地权集中而经营分散"是农业经营制度的基本特征，大部分土地集中在少数地主手中，但地主并不直接进行农业生产，佃户和自耕农为农业生产的主体。

二、中华人民共和国成立后的土地改革

基于过去的土地占有与经营情况，中国共产党在中华人民共和国成立前便提出了"农地农有"的口号。1946 年《五四指示》的出台，标志着土地改革的重点由"减租减息"变为"耕者有其田"。1947 年公布并实施了《中国土地法大纲》，该文件明确指出废除过去封建半封建性的土地剥削制度，废除一切地主所有权，废除一切祠堂、庙宇、寺院、学校等的土地所有权，实行耕者有其田的土地制度。1950 年，《中华人民共和国土地改革法》颁布，该法第一条便明确提出，"废除地主阶级封建剥削的土地所有制，实行农民的土地所有制……"；第三十条规定"土地改革完成后，由人民政府发给土地所有证，并承认一切土地所有者自由经营、买卖及出租其土地的权利"。至 1953 年，全国除了新疆、西藏等少数民族地区外，都胜利地完成了土地改革任务（马晓河，1999），通过"土改"获得经济利益的农民占农业人口的 60%～70%，连老解放区在内全国得利农民约 3 亿人，约有 7 亿亩土地分给了农民（廖鲁言，1952）。土地改革后，中国农村土地制度由少数人占有土地所有权的地主私有制度，改变为农民在村社范围内平均占有土地所有权的农民私有制，广大无地少地的农民免费分得了土地，地权分配相对平均，实现了耕者有其田。

三、土地集体所有制的建立

20 世纪 50 年代初期，我国生产力水平较为低下，农民的经济基础较为薄弱，"耕者有其田"土地改革完成后，出现了一些新情况。第一，一些农户缺乏配套的牲畜和农具，独立开展生产有困难，例如，当时平均每个农户只有 0.6 头耕畜（武力，2000）。第二，一些陷入经济困难的农民把新分得的土地出售，重新成为无地农民。第三，分得土地的农民不再交地租，家庭拥有的粮食增加，粮食自给性消费水平有所增加，土地改革带

来了粮食增产，但商品粮并没有相应增加，加上过去地主征收实物地租，一定意义上起到了为城市集中收集商品粮的功能，现在这一功能消失了，城市完全通过市场收购粮食，城市粮食供应出现一定困难。这些情况的出现，使得马克思主义经典作家们提出的农业合作化，成为当时的选择，在土地改革三年后，中国农村开始了农业合作化运动。

缺少配套耕畜与农具的农民成立互助组，是合作化的第一步。农业生产互助合作仅是生产方面的合作，并不涉及土地所有权的改变。《关于农业生产互助合作社的决议（草案）》对农业生产互助合作运动进行了清晰的解释，生产互助合作主要有三种形式：一是临时性、季节性的简单劳动互助；二是常年的互助组，较第一种形式更为高级；三是以土地入股为特点的农业生产合作社。而随后的初级社，农业生产开始由社统一安排。初级社阶段，劳动成果由社统一分配，只是保留了入股土地的分红，以体现所有者的权益，这个变化对于习惯了家庭经营的农户来说，十分深刻（陈锡文，2008）。高级社则直接使得"土地报酬[①]"也被"各尽所能、按劳分配"所取代。此时，我国农民彻底失去了通过"耕者有其田"的土地改革获得的土地所有权。土地同其他生产资料一样，变为集体所有。1956年年底，加入农业生产合作社的农户超过1亿户，占到总农户数的96.3%，其中参加高级社的农户占到总农户数的87.8%，已经基本实现了农业社会主义的改造[②]，但此时还远没有达到合作化运动的高潮。随后高级社开始向人民公社转化，还有文件提出了建立县联社的倡议。由于党的崇高威信，在党和政府的大力推动下，短时间内，以"一大二公"为特点的人民公社在全国迅速建立，集体统一组织生产，集体办大食堂统一消费，农民敞开肚皮吃，大家都一片乐观情绪，觉得已经找到了社会主义农业发展的康庄大道。随后发生的"三年自然灾害"，国家对人民公社制度的缺陷进行部分反思，对人民公社制度进行了一定调整，停办大食堂，缩小农业生产基本核算单位，也就是在一定程度上降低"大"和"公"的程度。《关于农村人民公社当前政策问题的紧急指示信》明确了"三级所有，队为基础"是现阶段人民公社的根本制度，"生产队（有的地方叫管

---

① 以入社土地数量获得分红。
② 资料来源：http://cpc.people.com.cn/GB/64156/64157/4512295.html。

理区或者生产大队）是基本核算单位""劳力、土地、耕畜、农具必须坚决实行'四固定'，固定给生产小队使用，并且登记造册，任何人不得随便调用"。为了尽快恢复生产，随后人民公社"60 条"出台，又将土地权利进一步下放，土地所有权重新回归到生产队，即原来的生产小队。这样的权利安排也成为后来家庭承包经营改革的制度起点。

第二节　改革开放以来土地制度的变迁过程

1949 年中华人民共和国成立以来，中国农村土地制度发生了三次重大变革，第一次和第二次变革，就是本章第一节所说的"耕者有其田"的土地改革和农业合作化后土地集体所有、集体统一经营制度的建立；第三次改革，便是 1978 年发生的、在"合作化运动"中所形成的"三级所有，队为基础"的体制之上进行的、以家庭承包为特征的改革。这次改革，并没有改变土地所有制，土地集体所有权仍然保留，但把土地的经营权（使用权）还给农民家庭，土地的基本经营单位重新变回为农户家庭。农村改革 40 年以来，农村土地制度在不断探索和变革中进行着调整与完善，制度安排的细微之处发生了诸多变化。本节按照时间顺序，对 1978 年以来农村土地制度的变化进行梳理。

一、改革初期的特征

1978 年底党的十一届三中全会在北京召开，提出"必须首先调动我国几亿农民的社会主义积极性，必须在经济上重分关心他们的物质利益"，这成为日后中国农村改革的基本准则（陈锡文，2002），新时期农村改革的序幕就此拉开。

1978 年发生的农村改革，基本特征是农民先行，中央从不阻止到默许再到肯定和支持。也正是 1978 年这一年，安徽省小岗村的村民，进行了"包产到户"的勇敢尝试。1980 年《中共中央关于进一步加强和完善农业生产责任制的几个问题（75 号文件）》认可了生产责任制，文件指出"……就全国而论，在社会主义工业、社会主义商业和集体农业占绝对优势的情况下，在生产队领导下实行的包产到户是依存于社会主义经济，而不会脱离社会主义轨道的，没有什么复辟资本主义的危险，因而并不可怕⋯⋯""已经包产到户的，如果群众不要求改变，就应该允许继续实行⋯⋯"。但该文件同时也指出"在一般地区，集体经济比较稳定，生产有所发展，现行的生产责任制群众满意或经过改进可以使群众满意的，就不要搞包产到户"。然而，农民行动得非常迅速，截至 1981 年年底，90% 以上的生产队建立了不同形式的农业生产责任制[①]。到 1982 年修改宪法时，就对农民的改革给予了全面肯定，"八二宪法"中第八条明确规定"农村集体经济组织实行家庭承包经营为基础，统分结合的双层经营体制"。当时，土地所有权大都属于生产队，土地承包也在生产队范围内进行，特点是按照家庭人口数量或家庭劳动力数量平均分配土地。1984 年中央"一号文件"首次对土地承包的期限进行了明确，文件指出"土地承包期一般应在 15 年以上"，这便是现在所说的第一轮承包。至此，农村土地制度的特征已基本稳定：（1）一般地区，以原有的生产队为单位，进行了土地的分配；（2）在集体内，每户的土地根据每户人口的变化定期调整，所谓"三年一小调，五年一大调"，15 年的期限为承包政策不变的期限，并非农户使用某一特定地块的期限；（3）承包土地的家庭需要按照承包面积承担农业税、提留统筹等费用，它们是农户获得土地使用权的代价。

二、土地制度的不断完善

（一）对土地流转态度的转变

分田到户初期，土地流转是不允许的，1984 年后发生转变。针对在承包期内无力耕种土地的农户，1984 年中央"一号文件"提出，"鼓励土地向种田能手集中"。1988 年时"任何组织或者个人不得侵占、买卖或者以其他形式非法转让土地，土地的使用权可以依照法律的规定转让"被写入《中华人民共和国宪法》，土地流转的合法地位得到承认。此后的多个文件和法律均对土地流转作出了进一步的说明，其中值得注意的是，2005 年

---

① 资料来源：http://finance.sina.com.cn/roll/20091005/07553073088.shtml.

《农村土地承包经营权流转管理办法》对不同土地流转方式的责任与义务进行了明确的规定，其中"承包方依法采取转包、出租、入股方式将农村土地承包经营权部分或者全部流转的，承包方与发包方的承包关系不变，双方享有的权利和承担的义务不变"，这也就意味着以上流转方式，流转了土地的经营权，即土地承包权与土地经营权的分置运行被承认。而直至目前，土地流转依旧以转包和出租为主，大多数情况下所谈论的土地流转，实质就是土地经营权的出租。

（二）第二轮承包

1998 年前后，大多数地区进行了第二轮承包，基本沿用了第一轮承包的做法，即以农户家庭为单位，按照人口对本集体土地进行平均分配；也有的集体没有根据人口调地，直接将一轮承包进行了延包。但也有一些地区，特别是同一行政村内，若干村民小组间人均土地情况差异较小的地区，在《中华人民共和国土地管理法》（1988 年修订版）第八条"集体所有的土地依照法律属于村集体所有"这一规定的指导下，将发包单位由村民小组改为了行政村，即土地由村集体所有。而行政村内各村民小组人均土地占有差异较大的，一般没有进行这一调整，因为这样的改变会损害人均土地较多的村民小组的村民的利益，较大的变革阻力使得转变难以发生。

（三）《中华人民共和国农村土地承包法》[①]的实施

2003 年 3 月 1 日起正式施行的《土地承包法》，对土地制度进行了一定调整：（1）该法明确规定"耕地承包期为三十年"。并且"承包期内，发包方不得调整承包地"，这便是习惯上所说的"30 年内增人不增地，减人不减地"。（2）该法第二十六条明确规定"承包期内，发包方不得收回承包地。承包期内，承包方全家迁入小城镇落户的，应当按照承包方的意愿，保留其土地承包经营权或者允许其依法进行土地承包经营权流转。承包期内，承包方全家迁入设区的市，转为非农业户口的，应当将承包的耕地和草地交回发包方。承包方不交回的，发包方可以收回承包的耕地和草

---

① 以下简称《土地承包法》。

地。"从法律规定的角度出发，此时家庭内部的人口变化或部分成员的身份变化不能作为承包期内土地调整的理由，即按规定，拥有土地承包权的集体成员被固定在了某一特定时点上。

（四）停止征收农业税费

停止征收农业税费并没有从本质上改变农村土地制度，但是这一改变意味着农民为承包集体的土地所付出的经济代价的消失。农业税费提留统筹等并不是农民从集体承包土地所要缴纳的土地租金，但它是农民经营农业所承担的经济负担，且这一负担是按承包地的面积为权重分配的，因而容易被误认为地租。农村集体土地是在其成员间平均分配的，在一定意义上是土地所有者自己耕种自己的土地，并不一定要支付货币形式的地租，如果要支付地租，其形成的租金也同样属于这个集体的农民，因此没有必要再多这一程序。

（五）农村土地承包经营权的确权颁证

此处的土地确权，特指 2013 年以来进行的土地承包经营权的确权登记颁证。改革开放以来，国家组织过多次土地登记工作，1986 年《中共中央、国务院关于加强土地管理、制止乱占耕地的通知》、1989 年《土地登记规则》、1993 年《关于一九九三年经济体制改革要点》等文件中，均对土地登记有所规定。进入 21 世纪以来，中央非常重视农村土地集体所有权的确权颁证工作，2001 年国土资源部发布的《关于依法加快集体土地所有权登记发证工作的通知》，强调了集体所有权登记发证工作的重要地位，要求按照《中华人民共和国土地管理法》的规定，确定集体土地所有权主体。2008 年《关于推进农村改革发展若干重大问题的决定》提出"健全严格规范的农村土地管理制度。……搞好农村土地确权、登记、颁证工作……"。2010 年中共中央、国务院《关于加大统筹城乡发展力度进一步夯实农业农村发展基础的若干意见》更是提出"力争用 3 年时间把农村集体土地所有权证确认到每个具有所有权的农民集体经济组织"。后来的《关于加快推进农村集体土地确权登记发证工作的通知》《关于农村集体土地确权登记发证的若干意见》等文件对确权工作进行了细化和完善。

2013 年以来的这次土地确权颁证登记工作，主要是对农户的土地承包经营权进行确权。2013 年中央"一号文件"提出"全面开展农村土地确权登记颁证工作。健全农村土地承包经营权登记制度，强化对农村耕地、林地等各类土地承包经营权的物权保护。用 5 年时间基本完成农村土地承包经营权确权登记颁证工作，妥善解决农户承包地块面积不准、四至不清等问题。"2015 年土地承包经营权确权颁证工作逐步推开，中央要求在 2017 年基本完成，但目前这一工作仍在进行中。如文件描述，确权确的是农户的承包经营权，目的是解决面积不准、四至不清的问题。

（六）土地"三权分置"制度的形成

"三权分置"改革可以称得上是近年来土地制度方面最重要的变革。其一般表述为，把农民土地承包经营权分为承包权和经营权，实现承包权与经营权分置并行，在坚持农村土地集体所有不变的情况下，形成所有权、承包权与经营权三权分置的局面。"三权分置"形成过程见表 2 – 1。"三权分置"自 2013 年年底提出以来，几经完善，2017 年的《关于完善农村土地所有权承包权经营权办法的意见》的出台，从政策层面系统地阐释了这一政策内容。

表 2 – 1 　　　　　　　　"三权分置"关键性政策总结表

时间	文件/材料	关键内容
2013 年 12 月	2013 年中央农村工作会议公报	土地承包经营权主体同经营权主体发生分离，这是我国农业生产关系变化的新趋势，对完善农村基本经营制度提出了新的要求，要不断探索农村土地集体所有制的有效实现形式，落实集体所有权、稳定农户承包权、放活土地经营权……
2014 年 1 月	关于全面深化农村改革加快推进农业现代化的若干意见（中央"一号文件"）	稳定农村土地承包关系并保持长久不变，在坚持和完善最严格的耕地保护制度前提下，赋予农民对承包地占有、使用、收益、流转及承包经营权抵押、担保权能。在落实农村土地集体所有权的基础上，稳定农户承包权、放活土地经营权，允许承包土地的经营权向金融机构抵押融资
2015 年 11 月	深化农村改革综合性实施方案	坚持和完善农村基本经营制度。把握好土地集体所有制和家庭承包经营的关系，现有农村土地承包关系保持稳定并长久不变，落实集体所有权，稳定农户承包权，放活土地经营权，实行"三权分置"

时间	文件/材料	关键内容
2017 年 11 月	关于完善农村土地所有权承包权经营权分置办法的意见	现阶段深化农村土地制度改革，顺应农民保留土地承包权、流转土地经营权的意愿，将土地承包经营权分为承包权和经营权，实行所有权、承包权、经营权（以下简称"三权"）分置并行，着力推进农业现代化，是继家庭联产承包责任制后农村改革又一重大制度创新。……完善"三权分置"办法，不断探索农村土地集体所有制的有效实现形式，落实集体所有权，稳定农户承包权，放活土地经营权，充分发挥"三权"的各自功能和整体效用，形成层次分明、结构合理、平等保护的格局

（七）"长久不变"与第三轮承包

在 2008 年十七届三中全会上，"长久不变"的概念被提出，但是此后的几年，相关政策部门并没有对"长久不变"做进一步的解释。直到 2017 年党的十九大报告召开，首次明确地提出："保持土地承包关系稳定并长久不变，第二轮土地承包到期后再延长 30 年。"这充分体现了我国农村土地政策的一致性，并且将"长久不变"具体化，即本轮承包到期后，将再进行 30 年的三轮承包。

第三节　土地制度变化的趋势

改革开放 40 年来，农村土地制度一直在调整和完善，但对今后如何改革，存在不同看法和争议。例如在土地所有制度方面，有论者认为，土地集体所有制产权界定模糊，应当放弃并实行土地私有化。也有论者指出若要进行土地私有化变革，合理的选择是通过对农民进行"经济平权"，从而赋予农民完全可交易的土地权利，以实现事实上的私有化，因为公开、直接地进行私有化变革，相当于否认了革命成果，很难形成社会共识，制度变革的政治成本高昂。而在土地使用制度方面，同样也存在争议，例如是否可以为流转而来的土地经营权颁发权证？是否可用流转而来的土地经营权进行抵押贷款等。本节结合这些争议问题，讨论农村土地的变化趋势，试图给出土地制度未来发展的方向。

一、土地集体所有制应继续坚持，但所有者权利的具体内涵可以变化

首先，土地集体所有的范围和行使权力的主体是非常清晰的。近年来频频有论者认为集体所有制是模糊的，因而集体所有制是一种说不清楚的土地制度，也有一种观点认为，土地已经分给农民，就不要再去讨论集体还有什么权利，现在不需要去说清楚集体所有制，把集体所有权淡化虚化就行了。现实中，中国农村土地的所有权归属是清晰的，法律规定也是清楚明白的，不存在模糊。例如《中华人民共和国物权法》①规定"集体所有的土地和森林、山岭、草原、荒地、滩涂，依照下列规定行使所有权：（一）属于村农民集体所有的，由村集体经济组织或者村民委员会代表集体行使所有权；（二）分别属于村内两个以上农民集体所有的，由村内各集体经济组织或者村民小组代表集体行使所有权；（三）属于乡（镇）农民集体所有的，由乡（镇）集体经济组织代表集体行使所有权。"从这段规定出发，集体可能是行政村，可能是村民小组，也可能是乡（镇），看似有点混乱，但并不是指同一块土地可能由上述三者所有，而是指土地存在上述三种所有者，有些地方有些土地属于行政村所有，有些地方有些土地是村民小组所有，有些地方有些土地是乡镇集体所有，具体哪一块土地属于谁所有，是清清楚楚的。目前我国大多数地区，土地是在村民小组即原生产队范围内所有的，少数地区在行政村范围内所有，很少一部分土地所有权在乡（镇）集体。但是，一个具体的地块，是在村还是村民小组范围内、抑或是乡（镇）范围内集体所有的，对于拥有那块土地的集体与集体成员而言是非常清晰的。在同一县域或是乡域内，有的土地所有范围在村，有的在村民小组，这是资源禀赋、历史变迁等因素共同影响的结果。实行家庭承包前，生产小队拥有土地的所有权，这也直接导致形成家庭承包时，土地所有的范围在生产小队。而后来行政村划分、人口流动等原因，使得二轮承包时，有些地区土地所有范围变为行政村。所以，多种原

---

① 以下简称《物权法》。

因造就了目前农村土地所有范围的不一致，但这并不意味着所有范围和权利主体的模糊，具体地块的权利，当事人是非常清楚的，一点也不模糊。

其次，土地集体所有权的内涵可能不断变化。在承包制之初，家庭联产承包责任制强调的是，集体土地通过"承包"的方式分配到农民家庭，农民家庭获得的是使用集体土地的权利。此时，集体与其成员是对立的，虽然只有本集体的成员有资格承包土地，但是并没有对集体的具体成员进行强调，集体成员的所有者之一的身份并不明确。但现在讨论集体时，一般指有具体成员的集体，而且按某一时点来确定具体成员。《土地承包法》的有关表述为"家庭承包的承包方是本集体经济组织的农户"；《物权法》的有关表述为"农民集体所有的不动产和动产，属于本集体成员集体所有"。从法律的表述中可以发现，集体所有制中集体的含义逐渐清晰，"集体是集体成员的集体"这一概念愈发明确。2013 年底农村土地"三权分置"政策的提出，更是在制度层面，确定了农村土地的集体所有权，由成员整体的所有权和成员个体的承包权共同构成。《关于完善农村土地所有权承包权经营权分置的意见》对"三权分置"的叙述如下："农村土地农民集体所有……农村集体土地由作为本集体经济组织成员的农民家庭承包，不论经营权如何流转，集体土地承包权都属于农民家庭"，充分表明了"三权分置"是对所有者权利的细分与分享，也明确了集体所有制的含义。在我国集体所有制度的安排下，集体土地实行成员承包经营，承包权在某一时点，以集体成员认可的方式，在集体成员间分配。这样的承包权是具体的某一集体成员对该集体的土地享有的权利，是所有者之一的成员权利，土地承包权与所有者资格紧密地联系在一起，如果没有集体成员资格，就不能享受该集体的土地承包权。在目前"三权分置"的制度背景下，农村土地集体所有制中的"集体"，是具有成员概念的"成员整体"，集体与集体成员不再是对立的关系。"成员整体"的集体，拥有土地所有权，但它按一定期限和一定份额（一般为平均）分配给其成员形成承包权，当土地以承包的方式分配（不是出租）给其成员后，集体保留承包到期后的处置权，成员享有承包期内的其他权利，如使用、收益等权利。当承包土地的成员自己不直接使用土地时，可以转让给他人使用，并继续享有该土地的收益权（如收取流转费等）和部分处置权（到期后收回土地使用权的权利）等权利；转入土地者获得一定期限土地使用权（经营权)，并取得经营利润①。集体成员与他人建立的租赁关系并不会对集体成员与集体之间的财产权利关系造成任何影响。只有当成员个体的土地承包权与成员整体的所有权合二为一时，才构成完整的土地集体所有权。"三权分置"不仅进一步明确了集体所有制的含义，还在制度层面，对集体成员承包权进行了确认与保护。

最后，将"承包权"与"经营权"描述为原来的"承包经营权"分离成这两个也并不十分恰当。现实语境下承包权就是指原来的承包经营权，而承包权本身具有的亚所有权的性质决定了集体成员在拥有承包权时，自然便会拥有相应的经营权，抑或称使用权，因此不必重复说明，就如一个主体拥有某一地块的所有权时，自然拥有其使用权，无须特别说明。相反，当某一主体说只拥有某一土地的使用权时，必然意味着不拥有所有权。所以，在三权分置制度下，应该明确，现在说的承包权就是指以前的"承包经营权"，并一律改称为"承包权"，承包的土地不一定都流转，只有发生流转的土地，才会出现第三权即土地经营权，为明确其性质，也为避免与历史上的承包经营权混淆，应改称为租赁土地使用权，或租赁土地经营权。

二、成员权逻辑与财产权逻辑应保持平衡

在目前的集体所有制安排下，集体成员以其所有者之一的身份获得集体土地某一特定地块在一定期限内的部分所有权。而这里的"期限"逐渐成为焦点。十九大报告中提出"保持土地承包关系稳定并长久不变，第二轮土地承包到期后再延长三十年"。另外，前文也曾指出，2003 年时，我国就已在法律层面，不鼓励以家庭成员数量或身份变化调整土地。但与此形成鲜明对比的是：在实践中，依旧有大量的村与村民小组，按照其集体的成员变化情况调整集体土地在集体成员间的分配。除此以外，还有的集体，进行了"确人确股不确地"的尝试，每年或每几年，按照集体成员公认的方式，对集体成员身份进行重新确认，并以新确认的集体成员为基础分配成员对集体土地所持有的份额。国家相关政策法规主张的"增人不增

---

① 此处需明确，土地的经营利润与土地收益权是两个完全不同的概念。

地，减人不减地"是基于以下假设：不调整土地可以给承包农民更长的预期，从而有利于农民的长期投入，进而可促进农业发展。那么，土地的调整是否意味着承包农民对土地制度的判断充满不确定性，从而阻碍我国农业的发展呢？如果这一问题的回答是肯定的，为什么依旧有半数以上的集体选择调整土地，打乱成员与某特定地块的稳定联系呢？若要为上述疑问做一个合理的解释，可从集体所有制安排下，成员权逻辑与财产权逻辑次序问题入手进行讨论。

观察中华人民共和国成立以来的土地制度变迁历程，不难发现，土地改革时，村社内的人口都在村社范围内平均免费分得了土地，不是通过市场买卖取得土地权利，在土地改革的那一时点上，村社人口是一种历史形成的自然存在，因此村社成员身份是自然取得的。合作化开始时是土地的入股，有市场交易的特征，但其所入股的土地，也就是三年前所自然取得的土地，成员之间没有多少差异，因而并不是典型的土地股份公司。人民公社时期"三级所有，队为基础"的集体制度框架下，集体成员身份的获得也无大变化，基本是自然取得，只是集体的成员有了户口这一管理载体，户口是否在某一集体，就成为是否为其成员的一个标准，虽然不同集体间的规定可能会有细微差异，但总的来说依旧是通过非市场买卖的方式获得，集体成员身份不能通过市场化交易取得是农村集体所有制一直以来的制度特征。这与股份公司依靠买入股份获得股东身份的财产权逻辑大不相同。这也就说明农村集体所有制下，成员权不基于财产交易取得，也不以财产权为基础。但是成员权取得后，会与集体的财产发生关联，集体成员可凭借其成员身份从集体获得相应的财产权利。即在土地集体所有中，成员权是财产权的前序权利。因而，集体进行土地调整的问题就不难理解。如果把成员固化在某一具体时点后不再重新认定，从这一时点开始成员所承包的土地权利永远不变，实际上就是从这一时点后放弃了成员权逻辑，只实行财产权逻辑，由此，集体所有制便会出现实质上的私有化。目前所谈论的"长久不变"，也已经明确，是以 30 年为期进行承包的方式的长久不变，"长久不变"是制度长久不变，并不是集体成员身份的认定永远固定在某一时点长久不变。所以，在坚持集体所有制的前提下，在一定期限内对成员进行重新认定是必要的，这一期限可能是以一轮承包期为准，即以 30 年为期；也应当可以是目前还有些集体在坚持的 3 年或 5 年。

另外，目前仍旧有大量的农户不认同"生不增，死不减"，这也充分体现了身为集体成员的农户对于"集体成员"这一概念的认知和诉求。农村土地的所有权在集体，是集体成员共同拥有的，所以集体成员应当有权利决定其自身的运作机制，例如承包期内对成员进行动态认定，使得制度可以充分回应农民本身的诉求。

更进一步也可发现，我国现行农村土地制度的一大优势，就是在成员权逻辑和财产权逻辑之间取得了平衡。土地集体所有、"三权分置"的制度安排，通过一定期限承包权的赋予既充分调动了成员个体的积极性，又防止了土地所有权完全私有化可能带来的弊端。而那些主张农村土地直接私有化或变相私有化的观点，均是基于财产权逻辑，认为只有私人产权才是最清晰的产权，从而激励机制最好，好像只要土地私有化了，农业问题就解决了。正如前文中提到的，在农业合作化运动前，我国有两千多年的土地私有的历史，地权的市场买卖与集中，带来的是王朝的更替，而农业发展并没有因为私人产权制度的存在而内生出现代化的元素，长时间处于一个"维持"的发展状态，并没有取得像改革开放以来这样的举世瞩目的成就。私有制下土地所有权虽然可以成为交易对象，但交易是否发生，与权利人的意愿有着密切的关系。当权利主体对交易态度消极时，私人所有权可以使土地无法进入市场交易。比如日本的情况，农村劳动力大量减少后，农业经营单位并没有相应减少，农家经营规模并没有相应扩大，"二兼滞留"现象的出现恐怕与土地私有制下土地所有者不愿交易（租或卖）土地不无关系。在我国目前的实践中，一些地方在进行农村集体资产股份权能改革试点时，通过固化股份和股东，实行股份的完全可交易等措施，这种只强调财产权逻辑的做法，将会以一种"温水煮青蛙"的方式，实现集体所有制到实质上的私有制的转化，这是应当在实践中注意避免的。

三、租赁土地经营权不宜物权化

经营权物权化在实践中具体表现为：对租赁而来的土地颁发土地经营权证，设定抵押权等。

土地承包经营权与土地租赁经营权，这两个"经营权"都落脚为经营权，但二者的性质却完全不同。承包农户的土地承包经营权，是所有者之一的权利，具有亚所有权的性质。当承包农户自己不使用土地时，可将土地经营权转出，并获得租金；而土地的承包权则是一直留在承包农户手中，并不改变承包农户与集体间的关系。土地经营权的流转，与一般的租赁合同无异，通过市场合约获得土地经营权的一方，通过租金的支付，获得了使用土地并且获得土地经营收益的权利。租赁土地者经营土地获得的经营收入，不是地租，是劳动收入与经营利润，这与地租这一土地的收益权有本质上的不同。也就是说，土地承包经营权，可以产生租金；而土地租赁经营权的获得，需要支付租金。在不考虑土地经营权再流转是否合理的情况下，租赁而来的土地经营权的再流转虽然也会产生地租，但是如果土地交易市场有效，那么再流转所获得的租金应与前次流转相同，不会产生增量租金。因此，两种"经营权"之间的差异一目了然。

那么，在实践中，农村土地抵押贷款是否可行呢？首先，承包农户以其承包地作为抵押物进行贷款是可行的。因为承包土地产生的租金收益可作为抵押贷款的担保。当在承包期内设定抵押、承包农户无法还款时，银行可将其土地进行流转（出租），并以获得的租金抵偿债务。其次，批租制下流转而来的土地，也具有抵押价值。以批租制①流转而来的土地，可以进行抵押贷款，此时若设定抵押权，实际是以所预付的多年地租作为担保。例如，假设土地经营者一次性支付了10年地租，并以流转而来的土地作为抵押物取得了贷款。第二年经营不善，土地经营者无力清偿债务，此时银行可将土地再次流转，用获得的租金抵偿土地经营者的欠款。最后，年租制②下流转而来的土地，没有抵押价值。此时，若设定抵押权抵押贷款，土地经营者无力偿还贷款时，银行虽然也可将土地进行二次流转，但是在市场有效的前提下，所获得的租金与应该支付给土地转出方的租金相同，这一租金首先应该给土地转出方，银行将得不得任何东西，因此，年租制下租赁土地的经营权没有抵押价值，不应设定抵押权。在实践中，以年租制流转而来的土地进行抵押贷款反而是最为常见的情形，需要

---

① 批租制：一次性支付整个租期的地租，即支付批地租，例如租期10年的地租一次性支付。对应的是年租制。

② 年租制：每年支付当年地租。

纠正。为了帮助土地经营者顺利取得贷款，部分地区还为流转而来的土地办了土地经营权证，作为抵押贷款的凭证。而在年租制下，土地抵押贷款并不可行，那么作为凭证的土地经营权证的效力也很有限，因为，土地流转双方在达成流转合约时，流转期限、租金等都是个案化的，合同也会因为各种各样原因变更或中止，如果对此种经营权颁发证书，不仅证书不能统一，而且其效力也低于合同本身，所以没有必要颁发。

四、深化农村土地制度改革的目的，在于形成有竞争力的农业发展模式

生产关系必须以促进生产力的发展为目的。土地所有制保持不变，承包权相对稳定，经营权适当集中，是深化农地制度改革的目标，因此，我们提出"地权分散而经营适当集中"的农业发展模式。要实现这一目标，一方面必须更好地保护成员所有权即承包权，充分发挥其对资源配置的作用；另一方面，又必须防止成员权被过度保护，从而带来土地资源利用效率的下降。在坚持集体所有制不动摇的前提下，稳定而有保障的土地制度，不在于具体的承包期限的绝对长度，而在于制度的可预期性是否稳定，因此，无论 30 年的承包期限是否是最理想的期限，从制度上都不必去调整它，而是坚持它，这样可以给农民提供一个稳定的信号——农地承包期就是 30 年，30 年到期后可按既有规则续期 30 年。如此一来，制度是完全可预期的，因而也是稳定的。党的十九大报告宣布二轮承包到期后再续 30 年，就充分体现了制度的稳定性。在承包者与经营者分离越来越多的情况下，土地的具体经营期限，可由市场主体之间自行达成。

五、巩固和完善农村土地制度，应更多回应农民和农业发展的诉求

近年来，城市里要求尽快进行农村土地制度改革的呼声非常高，似乎农村土地制度已成为我国农业与农村发展的巨大障碍。然而在过去几年，笔者走访全国十几个省份，足迹遍布上百个村庄。在与各地农民的交流中发现，农民对现有农村基本经营制度较为满意，与城市改革的强烈诉求形

成了鲜明的对比。也是在大量的实地调研、走访中发现，现行制度，无论是对农村劳动力的转移与流动，还是对土地的转让与流转，目前均不存在制度性障碍。虽然农村土地制度依旧存在需要改革与完善的地方，但可以肯定的是不需要进行所有制等根本性的制度变革。基本制度应维持稳定。城里人"改革"呼声高，是因为现有制度下资本下乡拿地、买房限制重重。应当明确，巩固与完善农村土地制度，要更多回应农民的诉求，考虑未来农业发展的需要，而不是主要去回应城市资本的诉求。

回顾 40 年来农村土地制度的变化过程，可以总结几点经验：（1）土地制度是农村最基本的经济制度，良好的土地制度对农业与农村的发展非常重要。（2）1978 年以来农村土地制度的变迁，是在保持集体所有制不变的前提下，寻找更好地促进生产力发展的集体所有制的具体实现形式，核心是探索组成集体的成员之间持有土地权利的方式，从而更好地促进农业与农村的发展。（3）通过对改革实践的梳理，可以发现与人民公社时期土地集体所有、集体统一经营的经营制度相比，所有权与经营权分开、土地集体所有成员按家庭分户经营的制度，得到了广大农民的认可和全社会的认同，更有利于农业发展。（4）40 年来农村土地制度的变化，无论是延长承包期限、承包期内不调整土地，还是确权颁证，形成"三权分置"，都是在坚持集体所有成员分户经营不变的前提下，探索稳定和强化集体成员（承包农户）在承包期内的土地财产权利。（5）农村基本经营制度的变化，因应了生产力发展的要求。比如土地"三权分置"制度的形成，就因应了农村劳动力不断转移，承包农户自己不直接经营土地的情况下，把土地使用权转让给他人使用，从而形成农业土地与劳动的动态匹配。

第三章

从征税到补贴：财政支农政策的演变

1978 年农村改革以来，随着经济发展水平的提升和国民经济结构的变化，在国民经济再分配领域，农业从税收贡献者慢慢演变为补贴对象，停止征收农业税，逐步建立农业支持与保障体系，都发生在这 40 年里。本章从财政支持农业的角度，对过去 40 年国家与农业的关系作一个梳理，并对未来发展作一展望。

第一节　1978—2003 年我国财政支农政策的演进

党的十一届三中全会之后，我国进入了改革开放的历史阶段，家庭承包责任制也逐渐在农村得到推广。然而，长久以来工业、城市优先的发展战略和工农业剪刀差的存在使得我国农业的发展严重滞后。为扭转农业发展滞后的局面，财政支农政策也逐渐作出了调整。

1980 年，中央开始实行"划分收支、分级包干"的财政制度，逐渐下放财权。1984 年"利改税"改革完成，1985 年国家又开始实施"划分税种、核定收支、分级包干"的财政体制。在此期间中央财政日益紧张，财政赤字不断加大。但由于地方政府发展农业的热情不高，财力的下放反而使我国的财政支农水平出现了下降的趋势，财政支农资金占比从 1979 年的 7.02% 下降到 1985 年的 5.04%（董文杰，2017）。为解决支农资金短缺的问题，1987 年国务院发布《中华人民共和国耕地占用税暂行条例》，限制非农业建设占用耕地，并依托耕地占用税设立农业发展基金，支持农业开发。

在农产品收购价格方面，1979 年以来，政府逐步大幅度提高农产品的收购价格，在粮食统购部分实施计划价格，而市场部分实施议价，形成价格"双轨制"。随着家庭联产承包责任制逐步释放出巨大的生产力，1984 年，我国粮食供求关系由长期短缺转变为"阶段性过剩"，国家决定实施粮食合同订购与市场订购。1990 年，又改"合同订购"为"国家订购"，对定购粮食实行化肥、柴油和预购定金"三挂钩"政策（穆中杰，2011）。1993 年，我国开始实施分税制改革。中央政府与地方政府之间的财政关系发生了重大调整。我国财政总收入与中央财政所占份额不断增加，财政支农政策又发生了以下新的变化。

（1）保障财政支农资金的持续增加。1993 年，全国人大颁布实施《农业法》，要求逐年提高农业投入的总体水平，每年对农业总投入应高于国家财政经常性收入的增长和幅度。1979—1993 年，由国家财政预算直接安排用于农业的资金投入为 2898.32 亿元，平均每年 192.22 亿元，比 1979 年前 29 年的平均数 44.1 亿元增加了 148.12 亿元，增长了 3.4 倍（中国农村财经研究会课题组）。

（2）建立农产品保护价格制度。1993 年，国务院下发《关于建立粮食收购保护价格制度的通知》，开始建立粮食收购保护价格制度。规定当时市场价低于保护价时，国家按照保护价收购农民的粮食；保护价的设定应能补偿粮食生产成本，并保证农民可以适当得利。之后，我国又多次提高了粮食等主要农产品的保护价水平，逐渐设立了棉花等农产品的风险基金，有效促进了农民收入的增长。

（3）治理生态环境，改善农村生产生活条件。国家加大了对生态建设的支持，大幅度地加大了对林业的投入，重点支持天保工程、退耕还林（草）工程、京津风沙源治理等林业重点工程建设，取得了较为显著的成效。为改善农村生产生活条件，实施了"六小工程"，分别是节水灌溉、人畜用水、乡村道路、农村沼气、农村水电、草场围栏。

尽管二十多年来，国家财政支农资金增幅显著，逐步在农产品价格保护、农村税费改革、支农资金管理等方面取得了进步，但依然存在较为明显的问题。一是财政支农总量仍然是低水平的。1993 年以来，只有 1998 年一年用于农业支出占财政支出的比重超过 10%。二是财政支农结构也不合理。三是农民的税费负担并没有得到有效减轻。1990—1998年我国农民税费负担总额从469亿元增加到1399亿元，农民人均税费负担从55.8元增加到161元，分别翻了一番半，农村"三乱"（乱收费、乱摊派、乱罚款）是当时农民负担急剧膨胀的最主要因素。减轻农民负担，刺激农民种粮积极性成为国家急需解决的问题。

第二节 城乡统筹发展战略下财政支农政策的演进

进入21世纪，特别是党的十六大以来，我国国民经济结构出现了根本性变化（见表3-1）。到2003年，我国人均GDP达到10542元（约1090美元），农业GDP比重降至12.8%，工农业GDP之比达到3.6∶1，农业就业比重降至50%以下，人口城市化率达到40.5%。按照国际经验，这些指标表明我国已进入工业化中期阶段，非农产业代替农业成为国民经济的主导产业，经济增长的动力也主要来自非农产业。同时，我国GDP总量达到11.7万亿元（约1.4万亿美元），财政收入超过2.2万亿元，其中农业各税占比降至4%。这表明，我国初步具备了工业反哺农业、城市支持农村的财政实力，有条件对国民收入分配格局进行适当调整，改变农业农村长期以来在资源配置和国民收入分配中的不利地位。基于以上事实，2004年胡锦涛总书记在十六届四中全会上提出了"两个趋向"的重要论断，即在工业化初始阶段，农业支持工业、为工业提供积累是带有普遍性的倾向；但在工业化达到相当程度后，工业反哺农业、城市支持农村，实现工业与农业、城市与农村协调发展，也是带有普遍性的倾向。并明确指出，我国现在总体上已到了以工促农、以城带乡的发展阶段。

"两个趋向"重要论断的提出，为我国在新阶段形成"工业反哺农业、城市支持农村"和"多予少取放活"的政策框架定下了基调，标志着国家发展的基本方略开始发生根本性转变。正是在这样的背景下，十几个中央"一号文件"陆续出台，把财政支农作为一项重要工作予以部署，逐步建立健全了财政强农惠农富农的政策体系。

表 3 – 1　　　　　　1952—2003 年我国国民经济结构变化情况

指标	1952 年	1960 年	1970 年	1980 年	1990 年	2000 年	2003 年
人均 GDP（元）	119.4	218.5	276.3	463.3	1644.0	7857.7	10542.0
农业 GDP 比重（%）	51.0	23.6	35.4	30.2	27.1	15.1	12.8
工农业 GDP 之比	0.4：1	1.9：1	1.1：1	1.6：1	1.5：1	3.0：1	3.6：1
农业就业比重（%）	83.5	65.7	80.8	68.7	60.1	50.0	49.1
人口城市化率（%）	12.5	19.7	17.4	19.4	26.4	36.2	40.5
国家财政收入（亿元）	173.9	572.3	662.9	1159.9	2937.1	13395.2	21715.3
农业各税占财政收入比重（%）	15.8	4.9	4.8	2.4	3.0	3.5	4.0

注：表中产值数据均按现价计算得出。
资料来源：历年《中国统计年鉴》。

2004 年以来，中央"一号文件"围绕调整国民收入分配结构、强化农业支持保护力度这一主题，制定实施了一系列财政支农政策措施。

一、建立投入保障机制

加快建立财政支农资金稳定增长的长效机制一直是中央"一号文件"关注的重点。可以说，十几个中央"一号文件"接连出台的过程，就是国家财政支农投入不断"开源"、持续扩大的过程（见表 3 – 2）。2004 年中央"一号文件"首次提出要按照"多予、少取、放活"的方针，建立健全财政支农资金的稳定增长机制。2005 年的中央"一号文件"进一步明确，新增财政支出和固定资产投资要向"三农"倾斜，并加快相关立法进程。为落实这一原则，在此后几年的中央"一号文件"中，陆续形成了每年支农投入要"三个高于"的硬性要求，即国家财政支农资金增量要高于上年，固定资产投资用于农村的增量要高于上年，政府土地出让收入用于农村建设的增量要高于上年。此外，2006 年的中央"一号文件"提出要提高耕地占用税税率，新增税收主要用于"三农"的要求；2007 年的中央"一号文件"提出建设用地税费提高后新增收入主要用于"三农"，并要求县级以上各级财政每年对农业总投入的增长幅度应当高于其财政经常性收入的增长幅度；2008 年的中央"一号文件"提出国家在国家扶贫开发工作重点县新安排的病险水库除险加固、生态建设等公益性强的基本建设项目上，要逐步减少或取消县及县以下配套，2009年的中央"一号文件"将这一政策扩大至所有中西部地区。2010年的中央"一号文件"要求耕地占用税税率提高后的新增收入和新增建设用地土地有偿使用费全部用于农业。2011年和2012年的中央"一号文件"则分别强调了水利和农业科技领域的财政投入，要求财政投入的总量和增幅都有明显提高。2013年的中央"一号文件"提出要稳定完善强化这些行之有效的投入政策。2014年，中央"一号文件"提出拓宽"三农"投入资金渠道，充分发挥财政资金引导作用；整合和统筹使用涉农资金（此外，为推动农村土地承包经营权的确权登记，特地将确权登记颁证工作经费纳入地方财政预算，中央财政给予补助）。2014年以来，中央"一号文件"多次强调了在支农资金总量保障持续增长的前提下，不断拓宽资金渠道、优化支出结构、改变投入方式、完善资金使用和项目管理办法、改革财政支农机制，充分发挥财政资金的引导与杠杆作用，创新涉农资金运行机制，多层次多形式推进涉农资金整合。2018年的中央"一号文件"提出了"确保财政投入与乡村振兴目标任务相适应"的要求，加快形成财政优先保障、金融重点倾斜、社会积极参与的多元投入格局，确保投入力度不断增强、总量持续增加。至此，一套保障财政支农投入稳定增长的长效机制初步建立起来，并初步形成了配套的资金管理机制。

表3-2　　　中央"一号文件"关于建立投入保障机制的政策梳理

年份	文件内容
2004	按照统筹城乡经济社会发展的要求，坚持"多予、少取、放活"的方针，增加农业投入，强化对农业支持保护，建立健全财政支农资金的稳定增长机制。从2004年起，确定一定比例的国有土地出让金，用于支持农业土地开发，建设高标准基本农田，提高粮食综合生产能力
2005	新增财政支出和固定资产投资要切实向农业、农村、农民倾斜，逐步建立稳定的农业投入增长机制。尽快立法，把国家的重大支农政策制度化、规范化
2006	国家财政支农资金增量要高于上年，国债和预算内资金用于农村建设的比重要高于上年，其中直接用于改善农村生产生活条件的资金要高于上年。提高耕地占用税税率，新增税收主要用于"三农"

年份	文件内容
2007	财政支农投入的增量要继续高于上年，国家固定资产投资用于农村的增量要继续高于上年，土地出让收入用于农村建设的增量要继续高于上年。中央和县级以上地方财政每年对农业总投入的增长幅度应当高于其财政经常性收入的增长幅度。建设用地税费提高后新增收入主要用于"三农"
2008	财政支农投入的增量要明显高于上年，国家固定资产投资用于农村的增量要明显高于上年，政府土地出让收入用于农村建设的增量要明显高于上年。国家在国家扶贫开发工作重点县新安排的病险水库除险加固、生态建设等公益性强的基本建设项目，逐步减少或取消县及县以下配套
2009	国家在中西部地区安排的病险水库除险加固、生态建设、大中型灌区配套改造等公益性建设项目，取消县及县以下资金配套
2010	耕地占用税税率提高后，新增收入全部用于农业。严格执行新增建设用地土地有偿使用费全部用于耕地开发和土地整理的规定
2011	将水利作为公共财政投入的重点领域。各级财政对水利投入的总量和增幅要有明显提高
2012	持续加大农业科技投入，确保增量和比例均有提高，保证财政农业科技投入增幅明显高于财政经常性收入增幅
2013	要在稳定完善强化行之有效政策基础上，着力构建"三农"投入稳定增长长效机制
2014	拓宽"三农"投入资金渠道，充分发挥财政资金引导作用。加快建立利益补偿机制。整合和统筹使用涉农资金。土地承包经营权确权登记颁证工作经费纳入地方财政预算，中央财政给予补助
2015	优化财政支农支出结构，转换投入方式，创新涉农资金运行机制，充分发挥财政资金的引导和杠杆作用。切实加强涉农资金监管，建立规范透明的管理制度。加大中央、省级财政对主要粮食作物保险的保费补贴力度
2016	完善资金使用和项目管理办法，多层级深入推进涉农资金整合统筹。将种粮农民直接补贴、良种补贴、农资综合补贴合并为农业支持保护补贴，重点支持耕地地力保护和粮食产能提升
2017	改革财政支农投入机制。坚持把农业农村作为财政支出的优先保障领域，确保农业农村投入适度增加，着力优化投入结构，创新使用方式，提升支农效能。在健全风险阻断机制前提下，完善财政与金融支农协作模式
2018	加快形成财政优先保障、金融重点倾斜、社会积极参与的多元投入格局，确保投入力度不断增强、总量持续增加。确保财政投入与乡村振兴目标任务相适应

资料来源：历年中央"一号文件"。

二、推进农业税费减免

早在 2000 年 3 月，以《中共中央国务院关于进行农村税费改革试点工作的通知》下发为标志，我国正式进入了农村税费改革的历史新时期。最初，中央按照"减轻、规范、稳定"的目标选择在安徽全省进行试点，主要内容是"三个取消、两个调整、一个逐步取消和一项改革"，即取消乡统筹、农村教育集资等专门面向农民征收的行政事业性收费和政府性基金、集资；取消屠宰税；取消统一规定的劳动积累工和义务工；调整农业税和农业特产税政策；改革村提留征收使用办法。这些措施推行后在当年就取得了明显成效，乡镇的"五统筹"和村里的"三提留"分别纳入了农业税和农业税附加，农民除缴纳 7% 的农业税和 1.4% 的农业税附加外，不再承担任何费用。这样，安徽农民的人均负担就由上年的 109.4 元下降至 75.5 元，减幅达到 31%（陈锡文，2009）。2002 年 3 月，国务院又下发了《关于做好 2002 年扩大农村税费改革试点工作的通知》，进一步将农村税费改革的试点地区扩大至 16 个省区市。截至 2002 年底，全国农村税费改革试点受惠人口达 6.2 亿，占到农村总人口的 3/4。至此，这一阶段以"减轻负担"和"规范税制"为主要目标的改革任务已基本完成。

之后，随着新一届中央领导集体全面履职，以及国家财力的进一步增强，中央开始将逐步取消农业税纳入决策视野，并以三个连续的中央"一号文件"为载体完成了改革部署（见表 3－3）。2004 年中央"一号文件"首次提出农业税税率总体上降低 1 个百分点，同时取消除烟叶外的农业特产税。为了弥补降低税率后减少的地方财政收入，文件还提出粮食主产区和中西部地区由中央财政通过转移支付解决。2005 年中央"一号文件"进一步要求扩大农业税免征范围，加大农业税减征力度，同时在牧区开展取消牧业税试点。2006 年中央"一号文件"最终确定在全国范围取消农业税。同时，2005 年 12 月 29 日十届全国人大常委会第十九次会议作出了自 2006 年 1 月 1 日起废止《中华人民共和国农业税条例》的决定。这意味着，在我国延续了 2600 余年之久的皇粮国税从此退出了历史舞台，这是我国历史上一件划时代的大事，具有深远的历史影响和重大的现实意义。

表 3 - 3　　中央"一号文件"关于推进农业税费减免的政策梳理

年份	文件内容
2004	逐步降低农业税税率，农业税税率总体上降低 1 个百分点，同时取消除烟叶外的农业特产税。降低税率后减少的地方财政收入，沿海发达地区原则上由自己消化，粮食主产区和中西部地区由中央财政通过转移支付解决。有条件的地方，可以进一步降低农业税税率或免征农业税
2005	减免农业税、取消除烟叶以外的农业特产税。进一步扩大农业税免征范围，加大农业税减征力度。在国家扶贫开发工作重点县实行免征农业税试点，在其他地区进一步降低农业税税率。在牧区开展取消牧业税试点。国有农垦企业执行与所在地同等的农业税减免政策。因减免农（牧）业税而减少的地方财政收入，由中央财政安排专项转移支付给予适当补助。有条件的地方，可自主决定进行农业税免征试点
2006	在全国范围取消农业税

资料来源：历年中央"一号文件"。

三、实施农民直接补贴

十几年来，我国先是逐步建立健全了以农民"四项补贴"为主要内容的农业补贴制度（见表 3 - 4），对调动农民积极性、发展粮食生产、促进重要农产品稳定供给起到了关键性支撑保障作用，也受到了广大农民的普遍欢迎，成为近些年来令人耳熟能详的惠农政策之一。为加强支农资金管理，提高指向性与精准度，2016 年，除农机具购置补贴外，其余三项补贴合并为农业保护支持补贴。

表 3 - 4　　历年中央"一号文件"关于实施农民直接补贴的政策梳理

年份	文件内容
2004	从 2004 年起，国家将全面放开粮食收购和销售市场，实行购销多渠道经营。要建立对农民的直接补贴制度。2004 年，国家从粮食风险基金中拿出部分资金，用于主产区种粮农民的直接补贴。其他地区也要对本省区市粮食主产县（市）的种粮农民实行直接补贴。2004 年要增加资金规模，在小麦、大豆等粮食优势产区扩大良种补贴范围。提高农业机械化水平，对农民个人、农场职工、农机专业户和直接从事农业生产的农机服务组织购置和更新大型农机具给予一定补贴
2005	对种粮农民实行直接补贴，对部分地区农民实行良种补贴和农机具购置补贴。继续对种粮农民实行直接补贴，有条件的地方可进一步加大补贴力度。中央财政继续增加良种补贴和农机具购置补贴资金，地方财政也要根据当地财力和农业发展实际安排一定的良种补贴和农机具购置补贴资金。实施奶牛良种繁育项目补贴

续表

年份	文件内容
2006	2006 年，粮食主产区要将种粮直接补贴资金规模提高到粮食风险基金的 50% 以上，其他地区根据实际情况加大对种粮农民补贴力度。增加良种补贴和农机具购置补贴。扩大畜禽良种补贴规模
2007	各地用于种粮农民直接补贴的资金要达到粮食风险基金的 50% 以上。加大良种补贴力度，扩大补贴范围和品种。扩大农机具购置补贴规模、补贴机型和范围。加大农业生产资料综合补贴力度。继续安排奶牛良种补贴资金
2008	继续加大对农民的直接补贴力度，增加粮食直补、良种补贴、农机具购置补贴和农资综合直补。扩大良种补贴范围。增加农机具购置补贴种类，提高补贴标准，将农机具购置补贴覆盖到所有农业县。继续实行对畜禽养殖业的各项补贴政策
2009	2009 年要进一步增加补贴资金。增加对种粮农民直接补贴。加大良种补贴力度，提高补贴标准，实现水稻、小麦、玉米、棉花全覆盖，扩大油菜和大豆良种补贴范围。大规模增加农机具购置补贴，将先进适用、技术成熟、安全可靠、节能环保、服务到位的农机具纳入补贴目录，补贴范围覆盖全国所有农牧业县（场）。加大农资综合补贴力度，完善补贴动态调整机制，加强农业生产成本收益监测，根据农资价格上涨幅度和农作物实际播种面积，及时增加补贴。继续落实生猪良种补贴和能繁母猪补贴政策，继续落实奶牛良种补贴、优质后备奶牛饲养补贴等政策。根据新增农业补贴的实际情况，逐步加大对专业大户、家庭农场种粮补贴力度
2010	坚持对种粮农民实行直接补贴。增加良种补贴，扩大马铃薯补贴范围，启动青稞良种补贴，实施花生良种补贴试点。进一步增加农机具购置补贴，扩大补贴种类，把牧业、林业和抗旱、节水机械设备纳入补贴范围。落实和完善农资综合补贴动态调整机制。按照存量不动、增量倾斜的原则，新增农业补贴适当向种粮大户、农民专业合作社倾斜
2012	按照增加总量、扩大范围、完善机制要求，继续加大农业补贴强度，新增补贴向主产区、种养大户、农民专业合作社倾斜。提高对种粮农民直接补贴水平。落实农资综合补贴动态调整机制，适时增加补贴。加大良种补贴力度。扩大农机具购置补贴规模和范围，完善补贴机制和管理办法
2013	按照增加总量、优化存量、用好增量、加强监管的要求，不断强化农业补贴政策，完善主产区利益补偿、耕地保护补偿、生态补偿办法，加快让农业获得合理利润、让主产区财力逐步达到全国或全省区市平均水平。继续增加农业补贴资金规模，新增补贴向主产区和优势产区集中，向专业大户、家庭农场、农民合作社等新型生产经营主体倾斜。落实好对种粮农民直接补贴、良种补贴政策，扩大农机具购置补贴规模，推进农机以旧换新。完善农资综合补贴动态调整机制，逐步扩大种粮大户补贴试点范围
2014	在有条件的地方开展按实际粮食播种面积或产量对生产者补贴试点，提高补贴精准性、指向性。加大农机购置补贴力度，完善补贴办法，继续推进农机报废更新补贴试点。强化农业防灾减灾稳产增产关键技术补助。继续实施畜牧良种补贴政策

续表

年份	文件内容
2015	提高农业补贴政策效能。选择部分地方开展改革试点，提高补贴的导向性和效能。逐步扩大"绿箱"支持政策实施规模和范围，调整改进"黄箱"支持政策。扩大节水灌溉设备购置补贴范围。实施农业生产重大技术措施推广补助政策。健全粮食主产区利益补偿、耕地保护补偿、生态补偿制度
2016	将种粮农民直接补贴、良种补贴、农资综合补贴合并为农业支持保护补贴，重点支持耕地地力保护和粮食产能提升。完善农机购置补贴政策。加大对农产品主产区和重点生态功能区的转移支付力度。完善主产区利益补偿机制。探索建立农业补贴、涉农信贷、农产品期货和农业保险联动机制
2017	完善农业补贴制度。进一步提高农业补贴政策指向性和精准性，重点补主产区、适度规模经营、农民收入、绿色生态。深入推进农业"三项补贴"制度改革。完善农机购置补贴政策，加大对粮棉油糖和饲草料生产全程机械化所需机具的补贴力度。健全林业补贴政策，扩大湿地生态效益补偿实施范围
2018	落实和完善对农民直接补贴制度，提高补贴效能。健全粮食主产区利益补偿机制

资料来源：历年中央"一号文件"。

（一）粮食直补

实施种粮农民直接补贴政策是与粮食流通体制改革相辅相成的。随着国家全面放开粮食收购和销售市场，粮食价格得以理顺，价差亏损明显减少，这使得从粮食风险基金中拿出一部分用于对种粮农民进行直接补贴成为可能，从而实现了补贴对象由流通环节向生产环节的转移，有助于进一步提高补贴资金的使用效率。2004 年的中央"一号文件"首次提出，从粮食风险基金中拿出部分资金，用于主产区种粮农民的直接补贴。2005 年要求有条件的地方进一步加大补贴力度。2006 年明确提出粮食主产区要将种粮农民直接补贴的资金规模提高到粮食风险基金的 50% 以上。2007 年则进一步将这一比例要求延伸至全国各地。此后，每年中央"一号文件"都对持续加大粮食直补规模作出了明确部署。

（二）良种补贴

为加快良种推广，促进良种区域化种植，提高农产品的产量和品质，中央"一号文件"陆续制定并完善了良种专项补贴政策。2004 年提出在小麦、大豆等粮食优势产区扩大良种补贴范围。2005 —2008 年要求不断增加补贴资金，扩大补贴范围。2009 年明确提出实现良种补贴对水稻、小麦、玉米、棉花等品种的全覆盖，同时扩大油菜和大豆良种补贴范围。2010 年提出扩大马铃薯补贴范围，启动青稞良种补贴，实施花生良种补贴试点。至此，国家良种补贴政策初步成形，并在此后每年的中央"一号文件"中继续得到了落实。

（三）农机具购置补贴

农机具购置补贴始于 1998 年，是"四项补贴"中实施时间最早的，但起初补贴的数额和范围都相对较小，无法充分体现出鼓励和支持农民使用先进农用机械的导向作用。2004 年中央"一号文件"提出对农民个人、农场职工、农机专业户和直接从事农业生产的农机服务组织购置和更新大型农机具给予一定补贴。2005 —2007 年中央"一号文件"强调继续增加补贴资金，扩大补贴机型和范围。2008 年中央"一号文件"要求提高补贴标准，并将农机具购置补贴覆盖到全国所有农业县。2009 年中央"一号文件"提出将先进适用、技术成熟、安全可靠、节能环保、服务到位的农机具纳入补贴目录，并将补贴范围覆盖到全国所有农牧业县（场）。2010 年中央"一号文件"继续把牧业、林业和抗旱、节水机械设备纳入补贴范围。2012 年中央"一号文件"要求进一步完善补贴机制和管理办法。2013 年中央"一号文件"开始推行农机"以旧换新"试点。2017 年中央"一号文件"提出要加大对粮棉油糖和饲草料生产全程机械化所需机具的补贴力度。

（四）农资综合补贴

2006 年，为缓解国际石油价格上扬带动国内柴油、化肥等生产资料价格上涨对农业生产造成的不利影响，国家财政紧急拨付了 120 亿元资金，作为对农民生产成本的补贴。这项补贴政策在当年取得了良好的效果。因此，2007 年、2008 年中央"一号文件"均要求进一步加大农业生产资料综合补贴力度。2009 年与 2010 年中央"一号文件"进一步提出要完善、落实补贴动态调整机制，根据农资价格上涨幅度和农作物实际播种面积，及时增加补贴。2013 年，又提出逐步扩大种粮大户农资综合补贴试点范围。

此后几年，中央"一号文件"延续这一思路，对落实和完善农资综合补贴动态调整机制进行了部署。过去几年，农资综合补贴已经成为我国"四项补贴"中数额最大的一项，对保护农民的生产积极性起到了关键性的作用。

除了上述四项补贴，中央"一号文件"还陆续出台了奶牛良种补贴、生猪良种补贴等一系列畜禽养殖补贴，有力促进了养殖业的健康发展。此外，2009 年以后的中央"一号文件"还特别强调了对补贴资金增量使用方向的调整。要求按照"存量不动、增量倾斜"的原则，新增补贴重点向主产区和优势产区集中，向专业大户、家庭农场、农民合作社等新型生产经营主体倾斜，以提高补贴资金的利用效率，发挥财政投入的导向作用。2016 年，中央将种粮农民直接补贴、良种补贴、农资综合补贴合并为农业支持保护补贴，重点支持耕地地力保护和粮食产能提升。这三项补贴项目都是在特定的历史背景下诞生的，其目的具有阶段性的特征。三项补贴的合并不仅体现了农业财政补贴指向性的及时调整，也代表着我国农业补贴的投入、管理与使用更侧重于效能的提高，而非单纯的量的增加。

自 2009 年开始，中央在增加总量、优化存量的基础上调整了农业补贴投向，将增量逐渐向新型农业经营主体倾斜，以期更好地发挥新型农业经营主体带动作用。此外，2013 年，中央"一号文件"提出将新增补贴向主产区和优势产区集中。2014 年，中央"一号文件"又对农业补贴的指向性和精准性提出更高要求，体现了财政支农资金从"重量"到"重质"的转变。2016 年，中央将种粮农民直接补贴、良种补贴、农资综合补贴合并为农业支持保护补贴，完善农机购置补贴政策。2017 年，中央对农业补贴重点领域作出了规定，分别是主产区、适度规模经营、农民收入、绿色生态，明确了投入的重点。2018 年，中央"一号文件"再次强调要提高补贴效能。2009 年以来，中央在保障农业补贴持续增长的基础上，对农业补贴的投向、效能提出了更多的要求，对农业补贴资金投入的重点区域、主体、项目作出了更明确的指导。

第三节　财政支农的政策效果

2004 年以来，党中央、国务院坚持"以工促农、以城带乡"和"多予少取放活"的政策导向，把支持解决"三农"问题摆在国家财政工作的优先位置，积极调整支出结构，不断加大投入力度，初步构建了财政支农稳定增长机制，大大改变了国民收入分配格局，为实现我国农业跨越式发展提供了坚实保障。

一、支农投入持续增加

2003年以来，国家财政支农力度逐年加大；到2015年年底，中央财政"三农"支出累计超过11万亿元（见表3－5）。从总量上看，中央财政"三农"支出从2003年的2144.2亿元增加到2015年的19276.8亿元，增长了近8倍；从速度上看，中央财政"三农"支出2003—2015年平均增长20.2%，高于同期中央财政本级支出年均增长率9.3个百分点；从比例上看，中央财政"三农"支出在中央财政本级支出中的比重从2003年的28.9%提高到2015年的75.5%。此外，近年来国家财政还通过采用财政奖补、民办公助、以奖代补、贷款贴息、税收优惠等多样化方式，积极引导农民筹资投劳和社会资金投入农业领域，完善了多元化投入机制，进一步增强了财政资金导向作用。2006—2011年，中央财政共安排农业综合开发贷款贴息资金46.7亿元，累计撬动银行贷款约2000亿元（谢旭人，2012）；引导农民筹资、投劳折资以及吸引银行贷款、企业自筹资金1010.2亿元，充分发挥出财政资金"四两拨千斤"作用。

表3－5　　　　　2003—2015年中央财政"三农"支出情况

年份	"三农"支出规模（亿元）	"三农"支出增速（%）	中央财政本级支出（亿元）	中央财政支出增速（%）	"三农"支出占比（%）
2003	2144.2	—	7420.1	—	28.9
2004	2626.2	22.5	7894.1	6.4	33.3
2005	2975.3	13.3	8776.0	11.2	33.9
2006	3517.2	18.2	9991.4	13.8	35.2
2007	4318.3	22.8	11442.1	14.5	37.7
2008	5955.5	37.9	13344.2	16.6	44.6

续表

年份	"三农"支出规模（亿元）	"三农"支出增速（%）	中央财政本级支出（亿元）	中央财政支出增速（%）	"三农"支出占比（%）
2009	7253.1	21.8	15255.8	14.3	47.5
2010	8579.7	18.3	15989.7	4.8	53.7
2011	10497.7	22.4	16514.1	3.3	63.6
2012	12286.6	17.0	18764.8	13.6	65.5
2013	15108.8	23.0	20471.8	9.1	73.8
2014	16169.2	7.0	22570.1	10.2	71.6
2015	19276.8	19.2	25542.2	13.2	75.5

资料来源：2003—2011年数据根据历年《中国农业年鉴》《中国统计年鉴》整理得出；2012年数据来自中国政府网相关报道和《关于2012年中央和地方预算执行情况与2013年中央和地方预算草案的报告》。2014—2015年"三农"支出规模数据取自周应恒《农业投入的财政核算：2010—2015年》。

二、农民负担大幅降低

20世纪90年代，我国农民的税费负担开始呈现出恶性增长的势头，并于1998年前后达到了顶峰（见表3-6）。1990—1998年我国农民税费负担总额从469亿元增加到1399亿元，农民人均税费负担从55.8元增加到161元，分别翻了一番半。但同一时期，农业各税占农民税费负担总额的比重均未超过35%，这反映出农村"三乱"（乱收费、乱摊派、乱罚款）是当时农民负担急剧膨胀的最主要因素。2003年农村税费改革试点工作全面铺开后，农民税费负担开始显著下降。与改革前的2002年相比，2003年农民税费负担下降了30%左右，2004年下降了50%以上，2005年下降了70%以上（陈锡文等，2009）。2006年全面取消农业税后，全国农民每年减轻税费负担1335亿元（谢旭人，2012），8亿农民得到实惠。广大农民群众衷心拥护和支持这项改革。1999—2006年，我国农民人均税费负担从156.6元下降到11元，降幅达93%；税费负担占农民人均纯收入的比重也从7.2%下降到0.3%。同时，为了弥补地方财政由于农业税取消所减少的收入，2000—2012年中央财政累计安排地方农村税费改革转移支付补助资金7296.2亿元，有效缓解了粮食主产区和中西部地区的财政困难，也为进一步巩固农村税费改革成果创造了条件。

表 3 - 6   1990—2006 年我国农民税费负担变化情况

年份	农民税费负担总额（亿元）	农业各税（亿元）	三提五统（亿元）	农业各税占农民税费负担总额的比重（%）	农民人均税费负担（元）	税费负担占农民人均纯收入的比重（%）
1990	469	87.9	333.3	18.7	55.8	9.3
1991	518	90.7	363.8	17.5	60.8	8.9
1992	603	119.2	373.1	19.8	71.1	10.0
1993	687	125.7	380.0	18.3	80.7	10.3
1994	958	231.5	461.3	24.2	112.0	12.2
1995	1155	278.1	547.5	24.1	134.3	11.0
1996	1248	369.5	679.7	29.6	144.4	9.2
1997	1379	397.5	703.0	28.8	159.2	8.3
1998	1399	398.8	729.7	28.5	161.0	7.7
1999	1363	423.5	669.5	31.1	156.6	7.2
2000	1359	465.3	620.4	34.2	168.4	7.6
2001	717	481.7	551.7	—	90.1	3.8
2002	616	717.9	292.8	—	78.7	3.2
2003	517	871.8	—	—	67.3	2.6
2004	288	902.2	—	—	38.0	1.3
2005	97	936.4	—	—	13.0	0.4
2006	81	1084.0	—	—	11.0	0.3

注："农业各税"包括耕地占用税、农业特产税、农业税、牧业税和契税；2006 年后，"农业各税"仅包括烟叶税、契税和耕地占用税。"三提五统"包括村提留的公积金、公益金和管理费等以及乡统筹的乡村两级办学、计划生育、优抚、民办训练和乡村道路修建等费用。

资料来源：1990—2000 年数据根据韩俊等《农村税费改革前农民负担状况及原因分析》（载国务院发展研究中心《调查研究报告》2006 年第 26 期）整理得出；2001 年"农民人均税费负担"数据来源于《中国信息报》，2002 年 4 月 16 日；2002—2006 年"农民人均税费负担"数据来源于历年《中国农村经济形势与预测》；2001—2006 年"农业各税"和"三提五统"数据分别根据历年《中国农村统计年鉴》和《中国农业年鉴》整理得出；2001—2006 年"税费总额"数据根据"农民人均税费负担"与"年底乡村总人口数"之积计算得出。

三、农业补贴体系初步健全

2004 年以来，中央财政涉农补贴种类不断增加，范围逐渐扩大，标准稳步提高，初步建立健全了以农民"四项补贴"为核心的农业补贴体系，对促进粮食生产、增加农民收入、改善生产条件发挥了重要作用。实施种粮农民直接补贴政策，开创了国家直接补贴亿万农民的先河。（1）中央财政安排的粮食直补资金从 2004 年的 116 亿元增加到 2014 年的 151 亿元，增幅达 30.2%（见表 3-7）。农作物良种补贴从最初的大豆 1 个品种扩大到水稻、小麦、玉米、棉花等 10 多个品种，基本实现了主要产区全覆盖。（2）2004—2015 年，中央财政良种补贴资金从 28.5 亿元增加到 203.5 亿元，增长了 7.1 倍。农机具购置补贴单机补贴限额逐年提高。（3）2018 年，中央财政资金全国农机购置补贴机种扩大到 15 大类 42 个小类 137 个品目，各地自行确定的补贴机种也由 5 种扩大至 10 种，补贴范围覆盖全国所有的农（牧）业县（场）。中央财政农机具购置补贴资金从 2004 年的 0.7 亿元大幅增加到 2015 年的 237.55 亿元，实施范围由 66 个县拓宽到所有的农牧业县。农资综合补贴动态调整机制不断完善，有效弥补了农资价格上涨造成的种粮成本增支。（4）2015 年中央财政共安排农资综合补贴资金 1071 亿元，比 2006 年增加 951 亿元，增长了近 8 倍。2004—2015 年，中央财政累计安排上述农民"四项补贴"资金 12674.25 亿元，年均增长 28.1%。可以预见，随着国家经济实力的进一步增强，完善农业补贴体系，增加农业补贴规模，扩大农业补贴范围，通过财政转移支付的方式增强农业支持保护力度将会成为未来一个时期深化统筹城乡发展战略的一贯政策。

表 3-7　　　　2004—2015 年中央财政农民"四项补贴"支出情况

年份	粮食直补（亿元）	良种补贴（亿元）	农机具购置补贴（亿元）	农资综合补贴（亿元）	四项合计（亿元）	增幅（%）
2004	116	29	0.7	—	145.7	—
2005	132	39	3	—	174	19.42
2006	151	42	6	120	319	83.33

年份	粮食直补（亿元）	良种补贴（亿元）	农机具购置补贴（亿元）	农资综合补贴（亿元）	四项合计（亿元）	增幅（%）
2007	151	67	20	276	514	61.13
2008	151	121	40	638	950	84.82
2009	151	155	130	716	1152	21.26
2010	151	200	160	835	1346	16.84
2011	151	220	175	860	1406	4.46
2012	151	224	215	1078	1668	18.63
2013	151	226	217.5	1071	1665.5	-0.15
2014	151	215	237.5	1078	1681.5	0.96
2015	140.5	203.5	237.6	1071	1652.6	-1.72

资料来源：根据历年《中国农业年鉴》及财政部、农业部网站；2013—2015 年数据根据彭超《我国农业补贴基本框架、政策绩效与动能转换方向性》数据整理得出。

第四节　我国财政支农存在的问题与政策展望

一、财政支农存在的主要问题

（一）支农资金结构不尽合理

支农资金结构不尽合理主要表现在三个方面：一是农业事业费支出比重过高。我国财政支农资金中，直接用于农业生产性支出的仅占40%左右（苏明，2009）；而农业事业费支出中，又以相关部门的人员和办公经费为主，业务经费增长缓慢。二是农业小型基础设施投入比重较低。按照现行财政投资体制，中央和省级财政主要负责大中型基础设施项目，即建设农业"大动脉"，而被称为农业"毛细血管"的小型基础设施建设则主要由市县和乡镇财政完成。但由于基层政府财力有限，加之部分地区重视不够，导致农业小型基础设施投入严重不足。尽管近年来中央设立并大幅增加了小型农田水利设施专项补助资金，但从整体来看，投入比重仍偏低。三是农业技术推广等服务性支出比重较低。当前，我国农业技术推广经费占农业 GDP 的比重远低于世界平均水平；农业社会化服务、产业化经营等环节的支持力度明显不够。近年来中央财政在农业科技、良种工程、信息体系建设、检测检验体系等方面的投入仅占到投入总量的 1/10（张照新，2010）。一些事关农业农村经济发展全局的基础性、战略性、公益性项目则缺乏足够投入保障。

（二）地方财政配套难以落实

地方财政配套难以落实是由于中央政府和地方政府在所处位置和收入结构等方面存在明显差异，使得农业发展在中央和地方的决策考虑中所具有的地位和作用并不完全一致（陈锡文等，2009）。对于中央政府而言，保障国家粮食安全和其他重要农产品有效供给，维护农业生态系统平衡和促进可持续发展，是其最重要的政策目标；而对于地方政府而言，其首要目标则是促进当地经济社会发展和增加本级财政收入。因此，在农业效益比较低下和地方政府财力薄弱的情况下，地方政府尤其是省级以下政府既"不愿"也"不能"将较多的财政资金投入农业领域。在实际操作中，中央政府为了更好地实现自己的政策目标，往往通过实行转移支付并要求地方政府给予相应配套的方式来引导地方财政投入农业；而地方政府为了更多地获取中央投入资金，又往往作出一些难以兑现的配套承诺，最终导致很多农业投资项目中地方财政的配套资金难以落实，大大延缓了这些农业投资项目的建设进程。

（三）资金使用效率有待提高

资金使用效率不高主要表现在两个方面：一是缺乏有效的部门支农协调机制。目前，我国财政支农资金实行分块管理，由发改委、财政部、农业部、水利部、科技部、扶贫办等多个部门共同分配使用。但由于尚未形成一个有效的衔接协调机制，导致支农资金分散使用现象突出。即使在同一个部门内部，不同机构之间的很多支农项目不仅不能相互配合，有的甚至彼此冲突，大大削弱了支农资金的使用效果。二是缺乏严格的资金管理监督机制。当前，我国财政支农工作"重投入、轻管理"的倾向明显，资金使用监督机制比较落后，没有一套严格的制度来对支农资金使用的全过程进行监督，资金的分配和管理受人为因素和非经济因素干扰较大，导致资金层层流失，使用效率偏低。

（四）农业补贴政策缺乏系统性、协同性以及统筹布局

目前我国的财政支农政策具有显著的应急性、试探性的特征，比如，种粮直补是在粮食供给短缺时，为提高农民种粮积极性而施行的；农资综合补贴政策是在农资价格大幅上涨的情况下出台的。这些"打补丁"式的补贴政策虽然很好地缓解了当时所面临的难题，但经济背景的变化也要求政策不断作出动态调整。近几年，中央在积极寻求将支农政策由"被动调整"改为"主动设计"，并建立、健全动态调整机制。此外，各项财政支农政策之间并没有形成良好的协同机制，对一系列政策的设计缺乏统筹布局。很多支农政策具有相同或相近的目的，但其之间并没有理顺关系。例如，农业保护支持补贴（原"三项补贴"，粮食直补、良种补贴、农资综合补贴）与农产品价格支持政策都可以对提高农民收入、保障粮食安全起到积极的作用，但两者之间却没有建立有效的协调、衔接机制，这显然不利于提高支农资金的指向性、精准性与效能。

二、政策走向展望

未来一个时期，我国将继续坚持农业农村发展"重中之重"的战略定位，不断加大统筹城乡发展力度，推动资源要素向农业农村配置，努力形成以工促农、以城带乡、工农互惠、城乡一体的新型工农、城乡关系。在这一背景下，我国财政支农的政策体系也将不断丰富和完善，并呈现出以下三个基本走向。

（一）逐步健全符合世贸规则的农业支持体系

（1）加大农业投入力度。确保县级以上各级财政每年对农业总投入的增长幅度高于其财政经常性收入的增长幅度，坚持把国家基础设施建设的重点转向农业农村。

（2）巩固农村税费改革成果。建立健全农民负担监管长效机制，坚决

遏制农民负担反弹势头。

（3）完善农业补贴政策。充分合理地利用好符合 WTO（The World Trade Organization，世界贸易组织）贸易规则的 8.5% "黄箱"补贴和 5% "蓝箱"补贴空间，同时利用"存量调整"和"增量倾斜"，从整体上提升我国农业的国际竞争力。

（4）强化价格支持措施。完善最低收购价和临时收储政策，不断理顺农产品市场价格，让农民种粮务农获得合理利润。

（5）构建新型经营体系。加快培育专业大户、家庭农场、农民合作社等新型农业经营主体，支持农业结构战略性调整，促进农业发展方式转变，增强农业综合生产能力、防灾减灾能力和可持续发展能力。

（6）逐步推进间接干预，注重市场对资源配置的决定性作用，多采用直接支付、农业保险等对市场扭曲较小的农业补贴政策。

（二）探索创新财政支农资金的投入管理机制

（1）推动支农资金整合。坚持以县为主开展支农资金整合工作，提高一般性转移支付比重，充分发挥县级政府在统筹安排项目实施方面的作用，鼓励探索多层次、多形式整合支农资金的有效途径，积极打造支农资金整合平台。

（2）降低地方财政配套。逐步加大中央财政对病险水库除险加固、以工代赈、生态建设等公益性项目以及中西部老少边穷地区的转移支付力度，切实减轻地方财政负担。

（3）创新财政支出方式。通过民办公助、以奖代补、先建后补等财政支持形式，降低财政支农损耗，同时调动农民参与积极性，真正发挥农民主体作用。

（4）加强资金管理监督。完善中央对地方转移支付的工作机制和管理办法，研究制定财政支农资金使用绩效评价体系，建立健全严格规范的支农资金监督检查机制，提高资金使用效率。

（5）引导社会资金参与。注重发挥财政资金的导向功能，吸引社会资金投入农业，建立多元化投入格局，研究产权制度与分配机制的改革方案，探索财政资金与社会资金的整合方式，为市场主体增加农业投入创造良好的外部环境。

（三）探索设计多元化、组合化和差异化的支农政策

（1）构建多元化组合化支农政策。农业本身就具有"弱质性"特征，加之长久以来支农资金多依赖于财政拨款，这也就导致了社会资金投入的缺乏。我国应该加快提升财政支农资金的撬动作用，丰富支农政策，建立健全补贴、保险、金融等联动支持政策，构建多元化、组合化的支农政策体系。

（2）实行差异化的财政支农政策。现阶段，我国财政支农政策比较单一，主要目的仍是促增收与防风险。但由于农村存在规模差异化的经营主体，多样化的行业与品种，各区域之间在农业现代化水平、地理特征、主要经营项目等方面存在巨大差异，这就要求我国必须实行差异化的财政支农政策。从经营规模、经营行业、经营品种、地区特征方面入手，设计具有指向性和精准性的支农政策。

第四章

农业经营体系的发展演变

改革开放之前，中国农业经营体系主要是由生产队为基础的农民集体、农垦等国有农业生产单位和供销社等农业生产资料供应机构组成，并按照计划经济体制设计运行的一系列农业生产经营关系与制度。改革开放以来，以家庭经营为基础、统分结合的双层经营体制从《中华人民共和国宪法》的高度得到了确立，并不断在实践中巩固和完善。改革开放 40 年来，农业经营主体从普通农户、农村集体经济组织为主导的状态逐步发展为农民合作社、家庭农场、农业企业多种市场化经营主体共同发展的格局。农业经营体系的发展演变，对保障粮食安全和促进农业经济增长都起到了重要的支撑作用。

第一节　新型农业经营主体的形成

一、从农业产业化到适度规模经营的家庭农场

1978 年之后，家庭承包责任制的推行使农业经营的主体从农民集体回归到了农户家庭。这一制度创新成功地解决了农业生产中的监督和激励问题，极大地促进了粮食产量和农业经济的快速增长（林毅夫，1992）。但是，随着经济市场化的深入，千家万户的小生产与千变万化的大市场对接问题开始显现。各地开始探索实践多种解决办法。20 世纪 90 年代初，山

东省率先提出"农业产业化"的概念，其核心是"产供销、贸工农、经科教"紧密结合的"一条龙"经营体制。1995 年 12 月 11 日的人民日报基于山东经验发表了《论农业产业化》的长篇社论①。这使农业产业化的思想在全国得到了广泛传播。从 1997 年"农业产业化"正式进入官方政策文件，其目的就是推动产业链的纵向一体化，解决产销衔接等问题（严瑞珍，1997）。其中，主要的支持对象就是农业企业。而依托农业企业为核心形成的诸如"公司 + 农户""公司 + 中介组织 + 农户"等订单式的经营模式得到了大范围推广。1996 年农业部成立了"农业产业化办公室"，并自 2000 年开始评选国家重点农业产业化龙头企业。截至 2015 年年底，共评选国家重点农业产业化龙头企业 1242 家。

而随着市场化深入发展，企业与农户之间的订单农业也开始出现问题。其集中表现在契约的不稳定性和极高的违约率。已有研究表明，"公司 + 农户"模式的生存时间一般并不长久，契约约束的脆弱性和协调上的困难是这种组织的内在缺陷（周立群，曹利群，2001）。一方面，由于双方订立的契约常常是不完全的，造成了机会主义行为、敲竹杠风险等履约困难（刘凤芹，2003）。尽管在理论上可以通过专用性投资和市场在确保契约履行过程中的作用等方法找到最优的农业契约方式（周立群，曹利群，2002；聂辉华，2013），但在现实中成功的案例不多。另一方面，由于缔约双方的市场力量常常是不均衡的或低水平均衡的，所以双方履约要么难以实现，要么付出高昂的交易成本（马九杰，徐雪高，2008）。此外，由于合作剩余的分配机制常常与双方契约资本配置结构相关（米运生，罗必良，2009），缺乏资本的小农户在利益分配中常常处于被动和不利地位，企业侵犯农民利益的现象屡见不鲜。

随着"公司 + 农户"模式主导下的农业产业化弊端的显露，提高农民组织化程度、增强农民市场话语权的呼声日盛，并逐步成为社会共识。2003 年全国人大开始研究制定农民合作组织的相关法律，并于 2006 年 10 月底颁布了《中华人民共和国农民专业合作社法》。该法自 2007 年 7 月 1 日施行以来，农民专业合作社迅猛发展，截至 2017 年 7 月底，在工商部门登记的农民专业合作社达到 193.3 万家，是 2007 年底的 74 倍，年均

①　论农业产业化 [N]. 人民日报社，1995 – 12 – 11（1）.

增长60%；实有入社农户超过 1 亿户，约占全国农户总数的 46.8%[①]。然而，这一"形势喜人"的数字应该慎重看待，尤其不能放大合作社对农民的实际带动能力（潘劲，2011）。现实中，由于农户间的异质性和现行的政策环境的影响，所谓"假合作社""翻牌合作社""精英俘获""大农吃小农"等现象大量存在，合作社内部治理、收益分配等制度安排与运行机制问题十分突出（徐旭初，2012）。而真正具备"所有者与惠顾者同一"这一合作社本质特征的农民专业合作社凤毛麟角，大部分仍与大户、公司或"公司 + 农户"等其他类型的经营形式十分接近，以至于有些学者提出了"中国到底有没有真正的合作社"的质疑（邓衡山，王文烂，2014）。

正是由于大部分农民合作社常常掌控于大户、公司等少数核心成员手中，大量针对合作社的政策利好最终落地并没有惠及大多数农民成员，于是政策支农的重点对象又很快拓展到了具有一定规模的、懂经营善管理的农户身上，专业大户、家庭农场遂得到了政府实质性重视。实际上，2008年中共十七届三中全会的报告在阐述"健全严格规范的农村土地管理制度"时就提出"有条件的地方可以发展专业大户、家庭农场、农民专业合作社等规模经营主体。"彼时，合作社法刚刚施行一年有余，农民合作社被寄予厚望正在如火如荼地发展中，专业大户和家庭农场并未引起各界广泛关注。直到 2013 年，专业大户、家庭农场被作为新型农业经营主体的重要类型在当年的中央"一号文件"中得到强调之后，两者（特别是家庭农场）便成为从中央到地方政策文件中出现的高频词汇。2014 年农业部还专门出台了《关于促进家庭农场发展的指导意见》，对农场管理、土地流转、社会化服务等方面提出了专门的探索和扶持意见。由此，早在20世纪 80 年代就出现在官方文件中并为大众熟知的"种田能手""养殖大户"等主体在新时期被赋予新的市场与政策含义后，又再次进入人们的视野，并在近年得到快速发展。据农业部统计，截至 2015 年年底，全国经营 50 亩以上的规模农户已经达到 341 万户，经营耕地面积超过 3.5 亿亩；其中，经农业部门认定的家庭农场比例超过 10%，平均经营规模达到 150亩左右（张红宇等，2017）。

---

① 中华人民共和国《农民专业合作社法》实施十周年座谈会在京召开［N］. 农民日报，2017 – 09 – 05（1）.

研究认为，家庭农场区别于普通农户的根本特征，就是以市场交换为目的，进行专业化的商品生产，而非满足自身需求；区别于农业企业的根本特征，就是以自有劳动为主，依靠家庭劳动力就能够基本完善经营管理。它兼有家庭经营和企业经营的优势，也可以弥补专业大户和农民合作社的不足。未来在我国土地承包经营权确权颁证工作完成后，家庭农场的融资等市场化能力将进一步提升（高强等，2013，2014）。然而，随着规模经营主体的多样化发展，围绕经营规模展开的关于家庭农场的界限、范围等问题成了各界讨论的焦点。已有研究表明，家庭农场的规模要受到经济发展水平、技术进步、制造业—农业工资比及劳动—资本价格比的影响（郭熙保，冯玲玲，2015）。换言之，合意的家庭农场不可能随意扩张，它至少应该是存在上下限的或有条件的。理论上讲，家庭农场规模的下限是家庭成员的生计需要，家庭农场规模的上限是现有技术条件下家庭成员所能经营的最大面积；同时家庭农场的发育需要政府的支持和特定的社会条件（朱启臻等，2014）。因此，黄宗智（2014）就认为，美国"大而粗"的农场模式不符合当前中国农业的实际，而中国近三十年来已经相当广泛兴起的适度规模的、"小而精"的真正家庭农场才是中国农业正确的发展道路。

综上可见，经过40年的发展，中国农业的经营主体已然由改革初期相对同质性的农户家庭经营占主导的格局转变现阶段的多类型经营主体并存的格局。这一演变过程不仅是因为市场化程度的不断深化，也不单是源于政府的政策推动，而是在市场与政策的双重影响下农民对农业经营方式自主选择的结果。

二、新型农业经营主体的政策演变

21世纪以来，我国农业现代化同工业化、城镇化、信息化的步伐逐渐拉大，农业老龄化、妇女化、弱质化趋势越来明显，"谁来种地，地怎么种"的问题日益凸显。发展更加有效率的农业经营组织、创新农业经营体制机制的问题摆在了政府面前。基于上述宏观背景和各地有益的探索实践，中共十八大报告正式提出要构建集约化、专业化、组织化、社会化相结合的新型农业经营体系。2013年中央农村工作会议和中央"一号文件"

对此作出了相应的年度部署。至此,"新型农业经营主体"一词从学术研究领域"正式"扩展至官方政策视野之中。

2013年11月,党的十八届三中全会进一步强调,农业经营方式的创新应坚持家庭经营在农业中的基础性地位,推进家庭经营、集体经营、合作经营、企业经营等多种经营形式共同发展。这为新型农业经营体系的构建明确了原则。随后召开的2014年中央农村工作会议将所要构建的新型农业经营体系进一步具体描述为:以农户家庭经营为基础、合作与联合为纽带、社会化服务为支撑的立体式复合型现代农业经营体系。这为新型农业经营体系的构建明确了目标,即在这一体系中,经营主体的层次来源是多方位的,并将全面覆盖农业产业链的各个环节;各经营主体的经济性质是多元化的,所发挥的功能作用是相互加强和可融合的,而不是相互排斥或界限分明的。在此基础上,2014年中央"一号文件"又提出"要以解决好地怎么种为导向加快构建新型农业经营体系"。这为新型农业经营体系的构建明确了导向。换言之,"地谁来种"和"地怎么种"两个问题虽然都十分重要,但后者应更为重要;即重点在如何推动有效的农业经营方式的形成,而不是过多关注经营者的身份问题。这也体现了政策的务实性。2014年11月中办国办联合发布了《关于引导农村土地经营权有序流转发展农业适度规模经营的意见》,从引导土地有序流转和促进适度规模经营的角度,在主体培育、生产支持、服务提供、监督引导等多个方面提出了具体思路。这为新型农业经营体系的构建明确了核心抓手。2015年中央"一号文件"从改革的角度,对家庭农场、农民合作社、产业化龙头企业等主体的发展及其社会化服务的开展提出了有针对性的措施。这为新型农业经营体系的构建明确了重点任务。

从党的十八大报告和2015年中央"一号文件"来看,"谁来种地,地怎么种"的问题已经找到答案。但随着居民消费结构升级、资源环境约束趋紧、国内外农产品市场深度融合和经济发展速度放缓等因素,部分农产品供求结构性失衡、农业发展方式粗放、农业竞争力不强、农民持续增收难度加大等问题在"十二五"中后期开始凸显,即"怎么种好地"的问题又成为各界关注的重点。于是,国家在农业领域开始聚焦"转方式、调结构",而新型农业经营主体在"转方式、调结构"中被赋予重要的功能和政策期待。2015年10月国家出台的"十三五"规划纲要明确了新型农业经营主体的定位，即现代农业建设中的引领地位；政府相应的工作重点是建立培育新型农业经营主体的政策体系。至此，农业政策的逻辑重点从"支持谁"正式转换到了"怎么支持"。2016 年中央"一号文件"在部署年度任务的同时，将新型服务主体提高到与新型经营主体等同的地位，即都是建设现代农业的骨干力量。这实际上是强调了新型农业经营体系中生产和服务两大子体系的重要性（钟真等，2014）。2016 年 10 月国务院发布的《全国农业现代化规划（2016 — 2020）》进一步明确了"十三五"期间新型经营主体的发展目标和支持政策体系建设的具体任务，特别是强调要通过完善新型经营主体的政策支持体系来推进农业生产的全程社会化服务。2017 年的中央"一号文件"则对从培育新型经营主体与服务主体的角度推进多种形式的农业规模经营进行了重点部署。十九大报告则从全局高度，将培育新型农业经营主体作为在新的历史时期更好地解决"小规模经营如何实现农业现代化"——这一改革初期就提出的现实问题的一个重要途径，明确了其功能定位。它与新型农业社会化服务体系建设等一道，必将为实现新时代中国特色农业现代化起到深刻的指导意义，见表 4 - 1 所示。

表 4 - 1　党的十八大以来中央关于"新型农业经营体系"的政策性表述一览

时间	来源	主要表述	点评
2012 年 11 月	党的十八大报告	要构建集约化、专业化、组织化、社会化相结合的新型农业经营体系	官方正式提出
2012 年 12 月	2013 年中央农村工作会议	在坚持农户作为农业生产经营主体的基础上，创新发展专业大户、家庭农场、专业合作社、农业产业化等生产经营形式	落实十八大提出的"四化结合"的新型经营体系
2012 年 12 月	2013 年中央"一号文件"	充分发挥农村基本经营制度的优越性，着力构建集约化、专业化、组织化、社会化相结合的新型农业经营体系	构建新型农业经营体系开始全面部署
2013 年 11 月	党的十八届三中全会决定	坚持家庭经营在农业中的基础性地位，推进家庭经营、集体经营、合作经营、企业经营等共同发展的农业经营方式创新	明确构建原则
2013 年 12 月	2014 年中央农村工作会议	要构建以农户家庭经营为基础、合作与联合为纽带、社会化服务为支撑的立体式复合型现代农业经营体系	明确构建目标

时间	来源	主要表述	点评
2014 年 1 月	2014 年中央"一号文件"	坚持家庭经营为基础与多种经营形式共同发展……要以解决好地怎么种为导向加快构建新型农业经营体系	明确构建导向
2014 年 11 月	关于引导农村土地经营权有序流转发展农业适度规模经营的意见	坚持农村土地集体所有，实现所有权、承包权、经营权三权分置，引导土地经营权有序流转……发挥家庭经营的基础作用，探索新的集体经营方式，加快发展农户间的合作经营，鼓励发展适合企业化经营的现代种养业，加大对新型农业经营主体的扶持力度，加强对工商企业租赁农户承包地的监管和风险防范，培育多元社会化服务组织，开展新型职业农民教育培训	明确将促进土地流转作为构建新型农业经营体系的核心抓手
2015 年 2 月	2015 年中央"一号文件"	鼓励发展规模适度的农户家庭农场，完善对粮食生产规模经营主体的支持服务体系。引导农民专业合作社拓宽服务领域，促进规范发展，实行年度报告公示制度，深入推进示范社创建行动。推进农业产业化示范基地建设和龙头企业转型升级。引导农民以土地经营权入股合作社和龙头企业。鼓励工商资本发展适合企业化经营的现代种养业、农产品加工流通和农业社会化服务	明确了阶段性任务
2015 年 2 月	关于进一步调整优化农业结构的指导意见	加快构建新型农业经营体系，发挥新型农业经营主体在调整优化农业结构中的示范带动作用	明确新型农业经营主体在"调结构"中的作用
2015 年 7 月	关于加快转变农业发展方式	培育壮大新型农业经营主体。推进多种形式的农业适度规模经营。大力开展农业产业化经营。加快发展农产品加工业。创新农业营销服务。积极开发农业多种功能	明确新型农业经营主体在"转方式"中的作用
2015 年 10 月	国家"十三五"规划纲要	加快转变农业发展方式，发展多种形式适度规模经营，发挥其在现代农业建设中的引领作用……构建培育新型农业经营主体的政策体系	明确"十三五"时期新型农业经营主体的定位和政府工作重点
2015 年 12 月	2016 年中央"一号文件"	发挥多种形式农业适度规模经营引领作用。坚持以农户家庭经营为基础，支持新型农业经营主体和新型农业服务主体成为建设现代农业的骨干力量，充分发挥多种形式适度规模经营在农业机械和科技成果应用、绿色发展、市场开拓等方面的引领功能	明确新型农业服务主体和社会化服务体系的重要性

时间	来源	主要表述	点评
2016 年 10 月	全国农业现代化规划（2016—2020 年）	多种形式土地适度规模经营占比达到 40%。加快建立新型经营主体支持政策体系，扩大新型经营主体承担涉农项目规模，建立新型经营主体生产经营信息直报制度。实施农业社会化服务支撑工程，扩大农业生产全程社会化服务创新试点和政府购买公益性服务机制创新试点范围，推进代耕代种、病虫害统防统治等服务的专业化、规模化、社会化	明确了新型经营主体的发展目标和支持政策体系建设的具体任务
2016 年 12 月	2017 年中央"一号文件"	大力培育新型农业经营主体和服务主体，通过经营权流转、股份合作、代耕代种、土地托管等多种方式，加快发展土地流转型、服务带动型等多种形式规模经营	明确了将经营主体与服务主体并重来推进农业规模经营的方向
2017 年 10 月	十九大报告	构建现代农业产业体系、生产体系、经营体系，完善农业支持保护制度，发展多种形式适度规模经营，培育新型农业经营主体，健全农业社会化服务体系，实现小农户和现代农业发展有机衔接	明确了培育新型农业经营主体在新时代中国特色农业现代化中的功能定位

资料来源：历年相关政策文件。

可以预见，在新型农业经营体系的官方架构下，各类新型农业经营主体发展的支持政策将更加完备，而其在农业现代化建设中所肩负的主体责任和在农业供给侧结构性改革中承担的导向作用也将变得更为关键。

第二节　新型农业经营主体的类型特征

一、数量规模

近年来，各类新型农业经营主体发展迅速，数量和规模都明显增加，覆盖的产业和对农民、农业的服务能力明显提升。第三次全国农业普查数据显示，截至 2016 年，全国农业经营户 20743 万户，其中规模农业经营户 398 万户；全国农业经营单位 204 万个；在工商部门注册的农民合作社总数 179 万个，其中，农业普查登记的以农业生产经营或服务为主的农民合作社 91 万个（见表 4 - 2）。

表 4 - 2 　　　　　　　　　　　农业经营主体数量

类型	全国	东部地区	中部地区	西部地区	东北地区
农业经营户（万户）	20743	6479	6427	6647	1190
规模农业经营户（万个）	398	119	86	110	83
农业经营单位（万个）	204	69	56	62	17
农民合作社（万个）	91	32	27	22	10

注：农民合作社指第三次农业普查登记的以农业生产经营或服务为主的农民合作社。

由于很多新型经营主体尚未有专门的统计口径，很多部门公布的具体发展指标并不统一，但仍可以从下面的数据中看到当前新型农业经营主体的总体发展态势。

（一）专业大户和家庭农场

目前，关于专业大户和家庭农场的全国性统计工作尚未正式开展。据农业部的统计，到 2012 年底，全国有种粮大户 68.2 万个，经营耕地面积 1.34 亿亩，占全国耕地总面积的 7.3%；全国生猪、肉鸡、奶牛规模养殖户数量已超过一半。截至 2015 年底，全国 50 亩以上的农户达到 341 万户，经营耕地面积超过 3.5 亿亩。据统计，目前，全国已有超过 87 万家各类家庭农场，经营耕地面积达到 1.76 亿亩，占全国承包耕地总面积的 13.4%。其中，从事种养业的家庭农场达到 86.1 万个，占家庭农场总数的 98.2%，经农业部门认定的家庭农场数量超过 34 万家，平均经营规模 150 亩左右。

（二）农民合作社

自 2007 年《中华人民共和国农民专业合作社法》实施以来，农民合作社迅速增加。截至 2017 年 9 月底，全国依法登记的农民合作社达 196.9 万家，是 2012 年的 2.86 倍，是 2007 年的 76 倍，特别是近五年年均增速达到 37.2%。全国入社农户超过 1 亿户，占全国总农户数的 46.8%，社均成员约 60 户。① 农机合作社作为农民合作社的重要组成部分，也实现了快速成长，从 2007 年的 0.44 万家，增长为 2016 年年底的 6.32 万家。这些农机合作社除了统一经营适度规模的土地外，还以代耕、代收或土地托管等方式，为周边农户提供农机作业服务。《全国农业机械化统计资料》的显示，2015 年，农机合作社服务总面积为 7.12 亿亩，约占全国农机化作业总面积的 12%，服务农户数达到 3887 万户。

（三）农业企业

根据农业部的数据，截至 2016 年 8 月，全国有各类农业产业化组织 38 万多个，农业产业化龙头企业 12.9 万家。农业产业化龙头企业提供的农产品及加工制品，占农产品市场供应量的 1/3 以上，占主要城市"菜篮子"产品供给的 2/3 以上。各类农业产业化组织辐射带动农户 1.26 亿户，参与农业产业化经营的农户每年户均增收超过 3300 元②。

从社会化服务功能看，新型农业经营主体主要通过三种形式实现功能的发挥。一是以"农户 + 合作社服务"为代表的农户自我经营与服务模式。该模式的最大优势是合作社以成员的需求为导向开展服务，克服了单个农户在人力、资本、技术、市场信息等方面的限制，通过农户之间的联合与合作，增强其市场谈判力，降低市场风险，降低农业生产成本，提高农业生产效率，让农户共享组织化的收益。二是以"公司 + 合作社服务 + 农户"为代表的农业产业链经营与服务模式。与传统的"公司 + 农户"模式不同，新模式下公司借助农民合作社的组织平台作用，为农户提供农资、生产技术、市场销路等服务，并通过合作社约束农户的生产经营行为，以较低的交易成本和监督成本，解决了农产品难卖问题。三是以"适度规模经营农户 + 市场服务主体"为代表的专业化分工经营与服务模式。让专业的人做专业的事。植保队、农机队等专业化服务组织的出现，可以让农业适度规模经营主体更专注地从事农业生产，对于经营所需要的技术培训、农机作业、病虫害防治、烘干仓储等农业服务，则采取订单外包或

---

① 2018 中国新型农业经营主体发展分析报告（二）——基于农民合作社的调查和数据 [N]. 农民日报，2018 - 02 - 23（4）.
② 农业部. 支持做大做强城镇龙头企业 [EB]. (2016 - 08 - 10). [2018 - 11 - 05]. ht-tp://www.chinadevelopment.com.cn/news/cy/2016/08/1069808.shtml.

向市场购买的方式获得。

二、经营类型

新型农业经营主的生产经营特征突出表现为土地的规模经营。尽管各地在规模经营的界定、规模经营发展的速度上存在显著差异，但适度规模经营的实现形式却具有很高的相似性。依据农户土地经营权的放弃程度，新型经营主体的经营类型可以简单划分为流转型、农户合作型和服务带动型三种类型。

（一）土地流转型规模经营

土地流转型规模经营是指通过转包、出租、互换、转让等形式流转土地，使土地向专业大户、家庭农场和涉农企业等规模经营主体集中，扩大农业经营规模。目前专业大户和涉农企业是土地集中的主要力量，因此土地租赁型规模经营也相应地分为专业大户规模经营和涉农企业规模经营。

1. 专业大户

种植非粮作物难以实现机械化，劳动力投入成本过高，因此流转土地规模较大的专业大户都以种粮为主，即种粮大户。这些种粮大户的经营规模大多在 1000~10000 亩，特别是在一些劳动力输出大省，种粮大户的作用明显。种粮大户规模经营一般是种田能手、村干部、返乡民工或比较富裕的人，通过租赁承包等形式集中归片，实现适度规模经营。这类经营模式是当前农地规模经营的主要形式之一，是发展现代农业的最重要力量，对节约种粮成本，提高粮食产量，稳定国家粮食安全等方面都具有十分重要的作用。

专业大户需要具备一定的资金实力，并且具有较强的管理和经营能力。种植面积越大，对这些能力的要求越高。湖南祁阳县的种粮大户邓冬胜在打工积蓄 100 万资金后，2004 年返乡种田。为了开展规模经营，他先后添置了大、中型农业机械 24 台，实现了水稻种植全程机械化。到 2011 年，邓冬胜种粮面积达到 2300 多亩，先后被评为祁阳县、永州市、湖南省和全国种粮大户。从经营效果看，除去每亩成本 705.6 元（其中租地成本一般为 400～500 元），每亩平均利润为 400 元左右，总面积 2300 亩，邓冬胜每年的种粮净利润约为 92 万元（贺利云，2011）。但是，随着化肥、农药、用工等成本的持续走高，种粮大户的利润空间日益受到挤压，扩大经营规模的动力和能力不足。福建福鼎市店下镇的种粮大户邓正钟从周围 3 个村流转了 300 多亩稻田，预计亩产可达 475 公斤，早稻收购价为每公斤 2.40 元，加上政府的种粮直补、农机补贴等，每亩粮田收益约为 1400 元。由于种植的各种投入费用增加，据邓正钟估计，2012 年每亩土地的种植成本高达 1304 元，流入土地搞规模经营的亩收益不足 100 元①。一些种粮专业大户认为，经营土地实际就是露天工厂，很容易受到自然灾害的威胁，而且水稻种植投入大、利润低，若没有政府支持，规模经营将难以维持。

通过专业大户实现规模经营，并辅以一定政策支持，不仅有利于保障粮食生产，而且由于大户对一般农户有带动示范作用，有利于促进农业科技推广和提高农业生产率。但是，调查中发现专业大户经营收益的稳定性不足，不是所有的经营大户都能获得收益。种粮大户的经营规模少则三四百亩，多则几千亩，效益很容易受到农业生产风险的影响，需要政府有效引导和扶持。

2. 涉农企业

与种粮大户的土地流转合同相比，涉农企业签署的合同期限一般较长。而且流入之后一般以种植果蔬和养殖畜禽等附加值较高的农产品为主，更倾向于改变原有种植结构。虽然中央多次提出，不鼓励工商资本长时间、大规模的直接参与农业经营（陈锡文，2010）。但涉农企业参与土地流转和农地规模经营，能够大幅度提高农地流转的价格，甚至为地方带来可观的财政收入，因此受到了农户和地方政府的欢迎，在各地发展较快。

涉农企业进入农村土地流转市场带来两个方面的影响：一是有利于农民增收和规模经营。例如，2011 年 5 月，山西河津市赵家庄村村民代表一致通过，将村里的两个生产小组的 1000 亩土地整体出租给康培集团，用

---

① 种粮大户的心里话［EB］．（2012－07－31）．［2018－11－05］．http：//news.163.com/12/0731/10/87O1RJOC00014AED.html.

于建设优质苗木培育基地，租期为 20 年。很多村民表示，租给别的农户耕种每年每亩租金 150～200 元，而公司给 800 元，比自己种的收益还要多。而且除了每亩 800 元的流转收益外，村民还可以在苗木基地打工，因此绝大部分的村民赞成把土地出租给公司（杨霞，2012）。二是涉农企业会改变原有的种植结构，增加复垦的难度，企业面临经营风险时可能会中止流转合同，导致农民利益受损。2010 年，大自然食品公司与山东寿光市一个村集体签订土地流转合同，共流转承包该村土地 1380 亩，租期为 30 年。初始租金为每年每亩 1100 斤小麦，后每 5 年增加 100 斤；而如果农户将土地租给其他农户一般为每亩 500 元，远低于流转给公司的价格，因此农民更愿意将土地租给公司。该公司流入土地后，修路、建加工厂占去 100 亩，其余土地主要用来建设蔬菜大棚，发展设施农业，而不再像原村民那样种植小麦和玉米。2011 年，公司流入耕地的平均产值约为每亩 2000 元，除去各项经营开支后，每亩地实际亏损 840 元，亏损总计达 92.4 万元。如果该公司扭亏无望而中止经营，将会给农户复耕带来很大困难。

可见，涉农企业进入农村大面积流转土地，在促进村民增收、提高经营效益方面确实有所助益。但企业对市场效益的直接追求会改变传统的小农经营的种植结构，推动农地的"非粮化""非农化"趋势，这对于我国粮食供给紧平衡的现状是极为不利的。涉农企业无序、过度地流转土地搞规模经营，可能会威胁我国的粮食安全。

（二）农民合作型规模经营

农民合作型规模经营是指在不改变土地承包经营权的前提下，按照合作制原则，把分散的农户组织起来，把分散的作业统一起来，把分散的经营联合起来，推进农业分散经营向规模化、产业化转变。这种形式的规模经营，主要包括农产品专业合作社和农地股份合作社。在农村青壮年劳动力日益减少的情况下，为了节约劳动力和获得农业机械规模经营产生的效益，合作社以多种方式推动规模经营。

合作社作为"生产在家、服务在社"的农民联合性组织，在进行土地整理、实现土地连片后，或者自己从事农业生产，成为规模经营的新型主体，或者将土地连片出租给其他经营主体，推动规模经营的形成。合作社的规模经营，一般立足于本地的优势和传统产业，不改变种植结构。如河北栾城县立杰合作社于 2010 年 3 月成立之后，通过成员农户的土地入股，合作社的耕地面积连年扩张。到 2012 年 8 月，合作社经营土地 1680 余亩。为了提高经营效率，合作社配置了 6 台农业机械，对经营的土地进行机械化耕作。种植结构方面，合作社流入的 1680 余亩土地中 500 余亩用于种植甜瓜，1000 余亩种植小麦、玉米，100 余亩种植蔬菜，与原先的种植结构相比，变化不大。又如安徽宿松县碧岭村在 2009 年被批准为"城乡统筹实验区"之后，为了改善土地的细碎化程度，进行规模经营，在村委会的主导下成立了土地合作社。至 2012 年 6 月，成员入股土地合作社的土地已经从 2010 年的 1700 亩，增加到 4000 亩，占本村农地总面积的 30%。除了将 400 亩土地以每年每亩 520 元的价格出租之外，合作社其余的 3600 余亩土地仍然种植玉米、水稻。但相对于土地平整、兴修水利基础设施之前，土地使用现代机械进行连片耕作更加容易，土地规模经营水平明显提高。

与专业大户、涉农企业通过土地流转进行规模经营不同，农民专业合作社依靠成员的土地入股来进行统一生产经营，成员农户部分放弃土地的生产经营决策权，获得联合后的规模效益和产品效益，这种形式一般会部分改变原有的种植结构。尽管合作社有破产的可能性，但合作社成员有自由退出权，农户一般不会失去土地，土地仍然可以为农民提供基本的生活保障。

（三）服务带动型规模经营

服务带动型规模经营是指在家庭经营的基础上，受托方通过全方位、高标准的农业社会化服务，为农民提供产前、产中、产后各环节的全程生产服务，实行统一产业布局、统一种苗供应、统一技术标准、统一专业化服务。在实践中，这类规模经营主要通过农机合作社、植保队和其他社会化服务组织提供"土地托管"服务来实现。所谓"土地托管"是指在不变动农户土地承包经营权的前提下，无力耕种或不愿耕种的农户把土地委托给农机合作社或其他社会化服务组织，向其交纳一定的服务费用，由其提供农地耕种和管理服务，最后收成归农户所有的做法。

无论是把土地流转给专业大户、涉农企业，还是把土地入股到农民专业合作社，都可以认为是农民对土地承包经营权的一种让渡——前者让渡的是承包期，后者则让渡了部分经营决策权，主要强调了农地的商品属性。而服务带动型规模经营，则充分发挥了土地对农户的基本生活保障功能，在不改变农户的土地承包权益的情况下实现了规模经营。

有些人强调，土地流转是实现规模经营的前提，为了实现土地规模经营，必须通过土地流转，我们认为，这类观点有失偏颇。土地经营权流转对规模经营的重要性毋庸置疑，但是经营权流转不是实现规模经营的唯一途径，中央也没有把土地流转作为规模经营的必备前提，而是鼓励多种形式的适度规模经营。目前快速兴起的"土地托管"就是一种不涉及土地承包经营权流转的、实现规模经营的有效方式。

笔者调查发现，在江苏、安徽、山东等地，专门从事"土地托管"的农民合作社发展迅速，大大推动了当地的农地规模经营。以江苏兴化市的陶金粮食生产合作社为例，在2010开始放弃土地流转而采取"托管包产"的方式提供专业化农业服务、进行机械化规模耕作。托管服务每亩收取一定费用，并按照协议每年向农户支付800斤小麦和1200斤稻米，扣除两季托管费用1160元后，农户每亩纯收益可达1400元。2012年，托管的土地已从2011年的306亩增加至1861亩，预计2013年将达5000亩。安徽利辛县的土地托管规模更大，截至2012年7月，全县成立土地托管合作社近400家，共托管土地22万亩，每个合作社平均托管土地约550亩，托管服务涉及农户114990余户。托管后，土地收益每年增加5000余万元，仅小麦一项，农户亩均增收400元左右。

服务带动型规模经营作为一种农业生产的专业性社会化服务，通过规模化的土地代耕、代管、代收，将细碎的土地集中到受托人手中，实现土地的集约化经营，便于机械化耕作和现代化的农业生产管理。服务带动型规模经营在实现了农地规模经营的同时，为农民创造了比流转土地更高的收益。这种方式不仅能够实现土地集中经营、提高农业生产力，而且一般不会改变原有的种植结构，有助于保障我国的粮食安全。

第三节 农业经营体系的发展方向

2013 年十八届三中全会作出的《中共中央关于全面深化改革若干重大问题的决定》对构建什么样的农业经营体系提出了明确要求，即"坚持家庭经营在农业中的基础性地位，推进家庭经营、集体经营、合作经营、企业经营等共同发展的农业经营方式创新，加快构建新型农业经营体系"。可见，我国农业经营体系的发展方向必然是多元化主体、多样化形式共同繁荣的局面。从最近五年来的实践看，随着土地、劳动、资本和技术等生产要素的充分流动和市场机制的不断完善，家庭经营、合作经营、企业经营和集体经营等方式共同发展的局面将继续向纵深推进，在二轮承包基础上形成的小规模农户经营格局将进一步加快转型的步伐。

未来一个时期，我国农业经营体系的发展还将呈现以下四个方面的发展趋势。

（1）新型农业经营主体吸纳就业和促进增收的功能将持续提升。已有研究已经表明，新型农业经营主体在过去一段时期的发展已经表现出很强的就业效应和收入效应（鲁钊阳，2016）。随着新型农业经营主体的不断成长，农业产业链分工将进一步细化，农业用工的市场化程度将进一步提高。这个过程不仅将创造大量的新增农业劳动岗位，提升农业劳动力素质，扩大农业就业；还能促进农民的工资性收入和农业经营性收入的双增长。中国人民大学农业与农村发展学院《新型农业经营体系构建研究》课题组的数据（以下简称"课题组数据"）显示，新型农业经营主体平均雇工数达到 12 人，66.0% 来自本村范围，平均雇工投工量达到 966 个工日，平均日工资为 113 元；同时，新型农业经营主体通过相关社会化服务帮助普通农户平均降低生产成本 16.7%，平均提高农产品价格 45.8%，平均增加最终销量 143.7%，促进被辐射农户平均增收约为每户 4286 元。可以预见，在各类新型农农业经营主体的发展带动下，农业对农民而言将越来越具有吸引力；特别是对于年轻人而言，农业将逐渐成为他们就业或创业的可选项甚至是优先项，而不是获得收入的必选项（钟真，2014）。

（2）各类新型农业经营主体之间的融合将进一步加强。目前，新型农业经营主体已经借助土地流转等方式现实了较大的经营规模，但在发展中仍然面临经营实力较弱、发展资金短缺、议价能力和产品竞争力偏低等问题，越来越多的新型农业经营主体对于选择进一步的合作与联合表现出强烈愿望。中央出台的《关于完善农村土地所有权承包权经营权分置办法的意见》也指出，"支持新型经营主体相互融合，鼓励家庭农场、农民专业合作社、农业产业化龙头企业等联合与合作，依法组建行业组织或联盟。"课题组数据中，45.6%的专业大户或家庭农场、33.3%的农业企业均以成员身份参与多种类型的合作经济组织，而28.2%农民专业合作社参加了农民合作社联合社。进一步地，相当一部分新型农业经营主体兼具多种身份。在家庭农场或专业大户、农民合作社、农业企业三种身份中，有25.6%的新型农业经营主体同时具备两种身份，有2.6%的同时具有三种身份，平均每个主体具有1.3个身份。这说明，在当下政策和市场环境下，新型农业经营主体之间融合发展的特征已经开始显现。

　　（3）农业社会化服务主体和服务市场将快速成长。随着新型农业经营主体的崛起，农业领域对社会化服务的需求无论从数量上还是质量上都有了大幅度提高。这势必使农业社会化服务的供给主体得到锤炼，使农业社会化服务的市场化水平进一步提升。课题组数据显示，新型农业经营主体对于技术服务等十项农业社会化服务都有强烈需求，但是真正接受过这10项农业社会化服务的比例却均明显低于需求比例。其中，接受过技术服务的比例最高，达81.42%，其次是农资服务和信息服务，分别占比52.89%和44.78%；接受过这三项服务的比例均低于其需求比例约10个百分点。而销售服务、物流服务、信息服务、品牌服务、质量服务、作业服务以及基建服务需求比例高出实际接受过的比例均在35个百分点以上。这说明大量的农业社会化服务仍处于供不应求的状态，农业社会化服务的市场前景与政策空间仍然潜力巨大。课题组数据显示，有偿提供和付费接受上述十项农业社会化服务的新型农业经营主体的平均比例分别达到了58.6%和68.4%，其中有意愿成为专门提供农业社会化服务主体的比例接近30%。以农机化服务为例，一方面农机服务组织快速发展，到2015年年底全国农机合作社已经达到5.65万家，比2014年增加14.34%，服务总面积达到7.12亿亩，约占全国农机化作业总面积的12%，服务农户数量3887万户；另一方面，农业服务市场规模也迅速扩大，2015年农机化经营总收入达到 5521.98 亿，同比增长 3%，已经大幅度超过农机工业企业主营业务收入 4523.6 亿元①。为此，农业部、国家发改委、财政部于2017 年 8 月联合印发的《关于加快发展农业生产性服务业的指导意见》指出，"要着眼满足普通农户和新型经营主体的生产经营需要，立足服务农业生产产前、产中、产后全过程，充分发挥公益性服务机构的引领带动作用，重点发展农业经营性服务……"可见，在今后一段时期，农业社会化服务体系将在经营性服务上实现长足发展，并伴随公益性服务的改革完善而进一步适应我国现代农业发展的趋势。

（4）新型农业经营主体的分化将开始加快。各类新型经营主体的数量已经增长到了一个较高的水平，但进入政策扶持"序列"的时间各有长短，发展程度也参差不齐，分化在所难免，也顺理成章。分化主要表现为以下两个方面：一方面，同一种类型的新型农业经营主体之间的异质性在快速增强。在政府和市场的双重影响下，经营者的身份背景、业务内容、盈利方式等越来越多元化；同时，因在政府扶持上所占先机不一样，在市场竞争中呈现"强者愈强、弱者愈弱"的"马太效应"日益明显。课题组数据中，家庭农场或专业大户、农民合作社、农业企业三类主体中成本利润率（固定设施投资按年度损耗折算）最高的 20% 与最低的 20% 的均值相差分别达到了 10.2 倍、8.6 倍和 19.3 倍。另一方面，不同类型的新型农业经营主体正在进行深度"排列组合"。越来越多的新型农业经营主体因投资结构、管理方式等因素的决定逐渐偏离其主体所特有的经营方式，朝着与其内部治理特征相符合的方向发展；同时也有越来越多的主体从兼具多种经营方式和覆盖多种经营业务回归到与自身主体特征相适合的经营方式和经营领域。具体来看，家庭农场或专业大户的经营在专业化和多样化两个方向上同时演进；大量由主要成员控制的"空壳"合作社将逐步演化为家庭农场或农业企业，大量没有业务活动的"僵尸"合作社将退出历史舞台；农业企业的一、二、三产融合特征愈加明显，并呈现出专注于营销、加工、物流仓储、国际贸易、休闲观光等二、三产业的发展趋势。样本数据显示，调查时新型农业经营主体对外宣称的"第一身份"与

---

① 农业部农业机械化管理司编.2015 年全国农业机械化统计年报。

其在生产经营中体现出来的"实际身份"相一致的比例约为 68.8%[①]；其中，开始经营至今两种"身份"出现过不一致、但现在一致的比例有 33.3%，而在目前两种"身份"不一致的主体中（31.2%），过去是一致的比例达到了 20% 以上。可以预见，随着农业供给侧改革和农业市场化的推进，新型农业经营主体的分化步伐还将进一步加快。

[①]　如家庭农场一般与家庭经营相一致，合作社一般与合作经营、集体经营相一致，农业企业一般与企业经营、集体经营相一致等。

第五章

从短缺到结构性剩余：
粮食安全形势的变化

改革开放 40 年以来，随着经济社会发展的变化，中国粮食政策历经了较为频繁和较大幅度的调整，粮食安全状况不断改善。粮食市场政策尽管存在一定反复，但总体来看市场自由程度不断增加。经过产量连续"十二连增"以后，中国粮食紧缺状况得到一定程度改善。2013 年英国经济学人智库发布《全球食物安全指数报告》指出，中国在全球 107 个参评国家中位居第 42 位，列入"良好表现"一档。相对于人均 GDP 第 52 位的排名，中国是为数不多的食物安全水平超越其社会富裕程度的国家之一。但也要注意到，随着肉蛋奶果蔬等消费量的增加，转化粮食数量增加，粮食供求仍然处在紧平衡状态。消费端对原粮品质要求不断提升，对食品安全重视程度增加，正在挑战过去只重数量的粮食政策。新时代背景下，粮食安全面临新的挑战，需要新的思路。

第一节　改革开放以来粮食生产发展情况

改革开放以来，粮食单产稳步增加，种植面积在 2000 年前后有一定程度下跌，粮食产量总体呈现增加的趋势，但也在 2000 年前后有所下跌。2003 年以后粮食产量稳步提高，其中玉米产量增加对粮食产量增长的贡献较大。农民收益总体上是增加的，但成本增速较大，净利润呈现明显波动。

一、播种面积

改革开放以后，我国粮食种植面积在一定时间内稳中有降，在 20 世纪 90 年代末出现了明显的下降，而后在各种政策的刺激之下，种植总面积出现了回升，并且维持相对稳定。如图 5-1 所示，1978 年，全国粮食播种面积为 120587.2 千公顷，其中稻谷 34420.87 千公顷、小麦 29182.6 千公顷、玉米 19961.3 千公顷、大豆 7143.73 千公顷，其他粮食作物的播种面积占到 29878.87 千公顷。此后粮食总播种面积一直处于稳步小幅下跌的趋势，但玉米的播种面积在 1994 年和 1995 年以后开始增加。1999 年，随着粮食政策逐渐放开，粮食价格波动增加，粮食播种面积开始下跌。相比 1999 年的 113160.98 千公顷的播种面积，到 2000 年播种面积为 108462.54 千公顷，降幅达到 4698.44 千公顷之多。此后种植面积持续下跌，到 2003 年跌破 100000 千公顷，仅为 99410.37 千公顷，这一水平比 1978 年的播种面积少 21176.83 千公顷。同年稻谷种植面积为 26507.83 千公顷、小麦为 21996.92 千公顷、玉米为 24068.16 千公顷、大豆 9312.91 千公顷，除了玉米显著增加外，其他作物种类种植面积都在下降。经过 2004 年以来一系列的政策支持，粮食播种面积开始回升，到 2016 年粮食播种总面积为 11304.48 千公顷。从播种面积变化趋势来看，对种植面积增加贡献最大的是玉米，2016 年玉米播种面积为 36767.69 千公顷，比 1978 年增加了 84%。2016 年稻谷种植面积为 30178.24 千公顷，比 1978 年减少 12.3%，但比 2003 年增加 13.8%。2016 年小麦种植面积为 24186.85 千公顷，比 1978 年减少 17.1%，但比 2003 年增加 10.0%。大豆面积持续减少，2014 年国内大豆播种面积仅为 6799.9 千公顷，比 2003 年低 27.0%。随着玉米收储政策的调整，玉米种植面积在 2016 年也比 2015 年减少了大约 4000 千公顷。

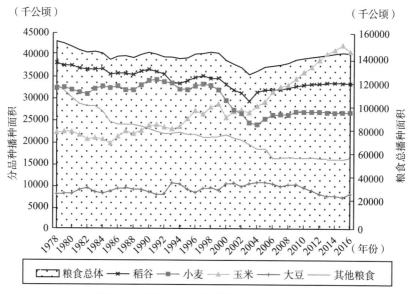

图 5 - 1　1978 年以来粮食播种面积变化情况

资料来源：国家统计局。

二、单产

1978 年以来，生产条件的改善、新品种的培育和推广，以及栽培技术的进步，我国粮食单产一直稳步提高。1978 年粮食总单产为 2527.3 公斤/公顷，2014 年达到 5385.1 公斤/公顷，约是 1978 年的两倍，平均每年增加 77.2 公斤/公顷。四个主要粮食品种中，稻谷的单产最高，其次为玉米，然后是小麦，最后是大豆。

如图 5 - 2 所示，1978 年稻谷单产为 3978.11 公斤/公顷，此后稻谷单产持续提高，1983 年突破 5000 公斤/公顷大关，达到 5096.07 公斤/公顷。相比 1978 年，涨幅达到 28.1%。此后稻谷单产增长速度放缓，但依然稳步提高。到 1995 年，用了 12 年时间，稻谷单产在突破 5000 公斤/公顷大关的基础上又突破 6000 公斤/公顷大关，达到 6024.77 公斤/公顷，年均增长 71.4 公斤/公顷。此后稻谷单产仍然在稳步提高，到 2015 年稻谷单产为 6891.3 公斤/公顷，相比 1978 年增加了 2913.19 公斤/公顷，年均增长 78.73 公斤/公顷。玉米单产增加幅度也较大，但单产波动相比稻谷要大。1978 年玉米单产为 2802.7 公斤/公顷，此后在 1980 年迅速提高到

3000 公斤/公顷以上，达到 3116.38 公斤/公顷。玉米单产增加在 1982—1984 年有个小高峰，在 1984 年提高到 3960.29 公斤/公顷。此后单产大致稳定在 3800 公斤/公顷。但在 1990 年以后，单产迅速提高到 4000 公斤/公顷以上，1990—1992 年在 4500 公斤/公顷以上，1996 年增加到 5203.29 公斤/公顷，但 1997 年骤跌至 4387.31 公斤/公顷，1998 年回升到 5267.83 公斤/公顷，但后来在 2000 年下跌到 4597.47 公斤/公顷，此后一直小幅度上升。到 2015 年玉米单产达到 5892.9 公斤/公顷，比 2000 年增加 1295.43 公斤/公顷，年均增长 86.4 公斤/公顷。小麦单产增加比较稳定。1978 年小麦单产为 1844.93 公斤/公顷，1980—1986 年是增速相对较快的时间段。1986 年单产为 3040.22 公斤/公顷，比 1980 年增加了 1126.33 公斤/公顷，提高了 58.9%。此后单产增加非常平缓，一直持续到 2015 年。2015 年小麦单产为 5392.6 公斤/公顷，这一水平比 1978 年提高了 3547.67 公斤/公顷，涨幅达到 192%，年均增长 93.4 公斤/公顷。大豆单产的增加不如三大主粮，稳步微量增加。1978 年大豆单产为 1058.97 公斤/公顷，2015 年单产达到 1811.4 公斤/公顷，比 1978 年提高了 752.43 公斤/公顷，涨幅达到 71.1%，年均增长 20.3 公斤/公顷。

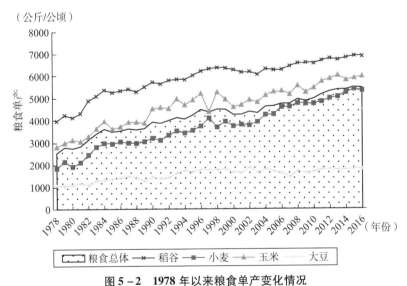

图 5-2 1978 年以来粮食单产变化情况

资料来源：国家统计局。

三、产量

改革开放以来，我国粮食产量首先经历了波动增长阶段，在 2000 年左右明显下跌，此后经历了一段时间的恢复性增长，实现产量"十二连增"。1978 年以后，家庭联产承包责任制的实施，以及农产品收购价格的提高，刺激了粮食产量提高。1978 年粮食产量为 30476.5 万吨，到 1984年首次突破 4 亿吨，达到 40730.5 万吨。但此后粮食总体呈现波动上涨的趋势，呈现"一年减、两年增、三年一轮"的周期性波动。到 1998 年，粮食产量达到历史高点 51229.53 万吨，比 1984 年增加 10499.03 万吨，提高了 25.8%，年均增加 700 万吨。1998—2003 年粮食明显减产，主要原因是播种面积的大幅度下降，以及单产水平的下降。2003 年全国粮食产量为 43069.53 万吨，比 1998 年减少了大约 8000 万吨，减幅达到 15.9%。2004 年以后国家陆续出台了最低收购价和临时收储政策，加强了其他补贴政策，加上农业生产技术进一步提高、气候条件总体良好，粮食产量开始恢复性增长。直到 2007 年，花了大约 4 年的时间，全国粮食产量恢复到 10 亿斤以上，达到 50160.28 万吨。此后粮食产量一直稳步增加，到 2015年粮食产量达到 62143.92 万吨，2016 年略有下降为 61625.05 万吨。

如图 5-3 所示，从产量变化走势来看，产量提高有明显的差异性，其中玉米增产对粮食总体增产的贡献最大。稻谷总产量约是小麦总产量的两倍，而且变化趋势基本一致，与粮食产量总体变化趋势也非常接近。大豆的产量变化不大。1978 年大豆产量为 756.5 万吨，大豆产量经历过小幅度增长，2004 年达到峰值 1740.15 万吨。但随着国外廉价大豆的冲击，大豆种植面积迅速萎缩，产量急剧下降，到 2014 年种植面积仅为 1215.4 万吨。玉米产量的增加趋势呈现两个阶段，第一个阶段是 1978—2013 年。在此期间，玉米产量增加速度相对平缓，1978 年玉米产量为 5594.5 万吨，2003 年玉米产量为 11583.02 万吨，年均增加 239.5 万吨。第二阶段是2004 年至今，玉米产量增速明显增加，到 2016 年产量为 21955.15 万吨，年均增加 686.65 万吨。

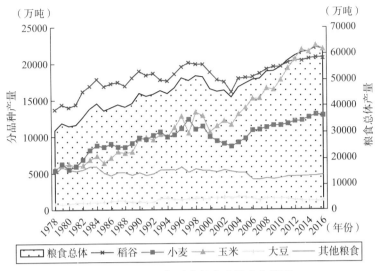

图 5 – 3　1978 年以来粮食产量变化情况

资料来源：国家统计局。

四、成本收益

1978 年以来，种粮净利润也呈现明显的变化。总体来看，粮食销售价格在增加，但种植成本在不断提高，种粮净利润则呈现明显的波动。根据历年《中国粮食发展报告》可以看到（见表 5 – 1），在 1991 年每 50 公斤的粮食平均出售价格为 26.1 元，最高的是小麦为 30.0 元，最低的是玉米为 21.1 元。到 2000 年粮食平均出售价格提高了 85.4%，2010 年达到每 50 公斤 103.8 元，2015 年达到每 50 公斤 116.3 元，比 1991 年增加 3.46 倍。稻谷每 50 公斤出售价格在 2015 年达到 138.0 元，比 1991 年增加 3.84 倍；小麦每 50 公斤出售价格在 2015 年达到 116.4 元，比 1991 年增加 2.88 倍；玉米每 50 公斤出售价格在 2015 年达到 94.2 元，比 1991 年增加 3.46 倍。尽管出售价格有所增加，但总成本的增加更为明显。1991 年每亩粮食平均成本为 153.9 元，但 2015 年达到了 1090.0 元，是 1991 年的 7 倍多。其中，稻谷每亩平均成本在 2015 年达到 1201.1 元，比 1991 年增加 5.38 倍；小麦每亩平均成本在 2015 年为 984.3 元，比 1991 年增加 6.11 倍；大豆每亩平均成本在 2015 年为 1083.7 元，比 1991 年增加 7.00 倍。成本的增加幅度明显高于售价的增加幅度。

粮食每亩净利润呈现明显的波动性。1991 年粮食每亩净利润为 34.3 元，到 2000 年每亩净利润为 -3.2 元，这解释了前文 2000 年前后的粮食为何减产。此后在支农政策密集出台的支持下，2010 年粮食每亩净利润增加到 226 元，但是仅过了 5 年之后，净利润减少到 19.6 元。三大主粮的种植净利润变化趋势基本类似，其中稻谷的净利润基本上能维持为正。但 2015 年每亩的稻谷净利润仍然下降，仅为 2010 年净利润的一半。小麦和玉米的每亩净利润在 2000 年均为负，分别为 -28.8 元和 -6.9 元；2010 年净利润有所回升，其中小麦增加到每亩 132.2 元，玉米增加到 239.7 元；但到 2015 年小麦净利润下跌了近 90%，每亩仅为 17.4 元，玉米的净收益大跌，仅为 -134.2 元。

表 5-1 　　　　　　　　　粮食成本收益变化情况表　　　　　　　　单位：元

指标		1991 年	2000 年	2010 年	2015 年
每 50 公斤平均出售价格（元）	粮食平均	26.1	48.4	103.8	116.3
	稻谷	28.5	51.7	118.0	138.0
	小麦	30.0	52.9	99.0	116.4
	玉米	21.1	42.8	93.6	94.2
每亩总成本（元）	粮食平均	153.9	356.2	672.7	1090.0
	稻谷	188.4	401.7	766.6	1202.1
	小麦	138.4	352.5	618.6	984.3
	玉米	135.3	330.6	632.6	1083.7
每亩净利润（元）	粮食平均	34.3	-3.2	227.2	19.6
	稻谷	62.4	50.1	309.8	175.4
	小麦	6.3	-28.8	132.2	17.4
	玉米	34.0	-6.9	239.7	-134.2

资料来源：2017 年中国粮食发展报告，国家发改委统计资料。

第二节　粮食安全形势的演变

世界银行在 1986 年对粮食安全的定义是"所有人在任何时候都可以

获得能保障其过上有活力和健康生活的足够食物"。《世界粮食安全首脑会议宣言》（2009）［即《罗马宣言》（2009）］界定粮食安全指"所有人在任何时候都能通过物质、社会和经济手段获得充足、安全和营养食物，满足其过上积极、健康生活的膳食需要和饮食偏好"。《世界粮食不安全状况（2010）：应对持续危机中的粮食不安全问题》界定：粮食安全指"所有人在任何时候都能在物质、社会和经济上获得充足、安全和富有营养的粮食，以满足其积极和健康生活的膳食需求和食物偏好"。可见，可供应量、获取渠道、充分利用、稳定供应是粮食安全含义的四大核心（曾晓昀，2012）。所以可以从粮食供给量、自给率的角度来分析粮食安全形势。但也要注意到，我国居民消费结构、自然灾害、资源及污染情况也会影响未来粮食安全。

一、供给量

从总供给的角度来看，除了产量之外，还包括当年年初的粮食库存与进口量。从粮食产量的角度来看，改革开放以来粮食产量呈现稳定增长的趋势。如果把进口量和库存也考虑在内，供给量的变动与单独的产量相比，呈现明显的不同。根据布瑞克农业数据库的数据显示（见图 5-4），稻谷的总供给量在 1999 年减产以后，很长一段时间内仍然维持在比较低的水平，增长速度较慢，至今总供给量仍然没有达到 1999 年以前的最高值。小麦的总供给量也类似，在 1999 年减产以后，基本维持在 15000 万吨的水平。玉米总供给量则明显增加，尤其是在 2010 年以后，总供给量迅速增加，2016 年总供给量为 470175 万吨，大约是 2010 年的两倍。大豆的总供给在增加，但由于产量实际上在减少，其供给量的增加得益于进口的大幅度增加。

生产量、进口量和储备量越来越多的情况下，我国粮食的供求关系确实得到了根本性改变，过去是紧平衡，现在是供大于求，并出现了阶段性和结构性过剩。但未来需求增加速度可能更快。过去相关权威部门发布了粮食需求预测研究，但实际需求量已经超过预测水平。《国家粮食安全需求中长期规划纲要（2008—2020 年）》预测 2020 年中国人均粮食消费量会达到 395 公斤，需求总量达到 57250 万吨。国务院粮食白皮书《中国的粮食问题》，预测 2030 年人口达到 16 亿峰值，按人均占有 400 公斤计算，总需求量达到 64000 万吨左右。2005 年农业部相关课题预测 2020 年中国粮食需求为 65000 万吨，2006 年国家统计局预测 2020 年粮食需求为 55800 万吨，国务院发展研究中心出版的《中国特色农业现代化道路研究》指出，到 2020 年，按 14.3 亿人口、人均消费 409～414 公斤计算，总需求量将达到 58487 万～59202 万吨。按照中国的粮食生产能力计算，届时国内粮食（不含大豆）的供给缺口将在 4000 万～5000 万吨。但在现实中，早在 2012 年中国的粮食总需求就超过了 60000 万吨。可以看出，过去预测都严重低估粮食需求增加，未来粮食供求关系仍不能忽视。

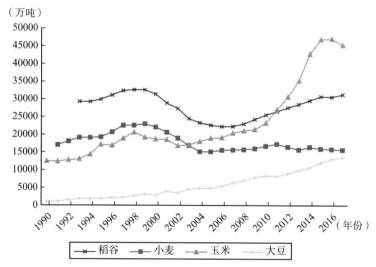

图 5-4　1990 年以来主要粮食品种供给量变化情况

资料来源：布瑞克农业数据库。可供给量 = 当年期初库存 + 产量 + 进口量。

二、自给率

按常识推断，产量增加能够更好地满足国内消费，但现实中，进口数量激增。曾预计 2016 年我国粮食供需缺口在 2000 万～2500 万吨，但最终实际进口了 1.2 亿吨。过去十二年粮食产量不断增加的同时，粮食累计进口量达 7.8 亿吨，年均增长 14.2%。其中进口量最多的是大豆，占进口总量的 75%，累计进口 5.9 亿吨。其中，玉米是"三量"齐增最为典型的品种。玉米临时收储政策自执行至 2015 年，产量增加到 22465 万吨，增长率为 47%。与此同时，玉米及其主要替代品的进口量也增长了近 30 倍，2014—2015 年度我国累计进口玉米 551 万吨，同比增长 68%。玉米替代品进口总量达 2563 万吨，比上一年度增加 1000 多万吨，其中累计进口高粱 1016 万吨，同比增长 144%；玉米酒糟 561 万吨，同比减少 16%；大麦 986 万吨，同比增长 102%。

借鉴以往研究计算主要粮食品种自给率，可以看到粮食自给率实际上一直在不断下降（见表 5－2）。1978 年粮食自给率为 97.10%，到 2000 年粮食自给率仍然维持在 96.95%。但是到 2010 年粮食自给率跌破 90%，降低到 87.75%，到 2015 年粮食自给率跌破 80%，下降到 79.92%。小麦的自给率变化与粮食总体相反，1978 年小麦自给率在 85.76%，随后自给率不断提高，2000 年达到 99.12%，2015 年进一步提高到 97.69%。大米的自给率略有下降，1978 年大米自给率在 99.82%，到 2015 年略下降到 97.68%。玉米自给率变化也较小，但不能忽视玉米替代品的进口数量的增加。大豆从过去的基本自给，变成严重依赖进口。在 1978 年大豆自给率为 97.49%，到 2000 年下降到 29.07%，到 2010 年自给率已经为负，而且进口量与产量的差距在不断增大。可以看到，粮食自给率大幅下降主要是因为大豆进口依赖程度的大幅度增加。如果只考虑三大主粮，自给率仍然能够维持在 95% 以上。

表 5－2　　　　　　　　　1978—2015 年粮食自给率变化情况

年份	粮食自给率（%）	小麦自给率（%）	大米自给率（%）	玉米自给率（%）	大豆自给率（%）
1978	97.10	85.76	99.82	98.56	97.49
1980	95.81	80.12	99.85	98.07	93.27
1990	96.92	87.25	99.96	99.62	99.72
2000	96.95	99.12	99.82	100.00	29.07
2010	87.75	98.93	99.72	99.11	−263.31
2015	79.92	97.69	97.68	97.89	−593.19

注：自给率＝（当年粮食产量－进口量）/当年粮食产量，根据马晓河 2016 年《新时期我国需要新的粮食安全制度安排》中的算法计算；稻谷与大米的折算率为 0.7。

资料来源：产量和进口数据来自历年《中国粮食发展报告》。

三、消费结构

粮食消费量的增加，与居民消费结构升级密切相关。我国居民消费从过去的温饱型变为小康型，粮食消费逐渐下降，肉蛋奶消费等逐渐增加。肉蛋奶需求量的增加，需要以一定数量的粮食转化为基础。我国口粮消费约占30%，饲料用粮约占40%，工业用粮约占20%，种子和新增储备用粮约占5%，损耗浪费等约占5%。长时间以来，粮食消费结构的变化趋势是口粮、种子及新增储备、损耗等稳中有降，饲料用粮和工业用粮持续攀升。预计饲料用粮将达粮食消费总量的50%左右，工业用粮将达到25%以上。这种结构变化将带来粮食消费总量的大幅提升。所以消费结构升级将会增加原粮需求，加剧供求紧张形势。把握需求结构变化，对保证粮食安全意义重大。

城镇居民人均肉蛋奶消费明显增加，粮食消费呈现"先减后增"的变化，给粮食消费带来双重压力。随着城市化进程的加快，这种变化给粮食生产带来的挑战是巨大的。根据中经网数据（见图5-5），1990年城镇居民每年人均粮食消费为130.72公斤，食用植物油消费6.4公斤，猪肉18.46公斤，鲜蛋7.25公斤，生奶为4.63公斤。人均年度粮食消费量一开始持续减少，在2005年达到最低点为58.5公斤。但粮食消费量没有一直减少，反而转增，到2010年增加到121.33公斤，此后略有下降但也维持在110公斤以上。食用油消费数量稳定增长，1978年的城镇居民人均年度食用油消费为4.8公斤，到2015年大致翻了一倍。鲜蛋的增长在1997年增长较快，但在1997年以后基本维持在10公斤左右。生奶消费量在1995—2003年迅速提高，2003年的消费量约是1995年以前的3倍多。但随后有所下降，2008年降低到13.7公斤，此后又回升到17公斤左右。

农村居民人均肉蛋奶消费也呈现增加的趋势（见图5-6），粮食消费总体持续下降。1978年农村居民人均年度粮食消费在247.83公斤，但在2016年消费量下降到157.24公斤，减少90.59公斤。猪肉消费增加非常显著，1978年农村居民人均年度猪肉消费为5.17公斤，2015年增加到18.68公斤，是1978年的3倍多。食用植物油消费从1978年的1.3公斤增加到2016年的9.3公斤，蛋及其制品的消费从1990年的2.41公斤增加到2015年的8.3公斤，奶及其制品的消费从1990年的1.08公斤增加到2015年的6.33公斤。

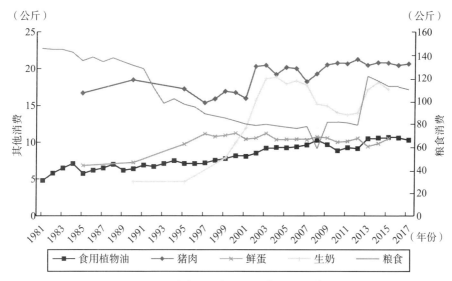

图 5 - 5　城镇居民年度人均食品消费情况

资料来源：中经网统计数据库。

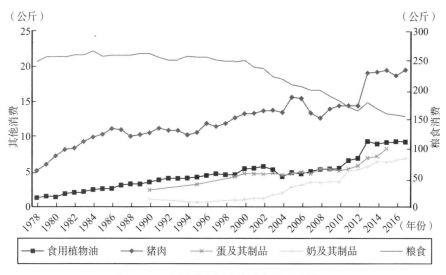

图 5 - 6　农村居民年度人均食品消费情况

资料来源：中经网统计数据库。

四、自然灾害

自然灾害也是威胁粮食安全的重要因素，但随着农业生产技术的提高，抵抗灾害的能力不断提高，农作物受灾面积数量在波动中减少。农作物种植面积是影响产量的关键因素，受灾面积相对较少的情况下，是保证产量的基本前提。根据国家统计局数据显示（见图 5 - 7），2010 年以来全国农作物受灾面积在波动中有所下降。2010 年农作物受灾面积为 37425.9千公顷，到 2012 年下降到 24962.0 千公顷。但 2013 年又有所提高，达到31349.8 千公顷，此后转而下降到 2015 年的 21769.8 千公顷，2016 年为26220.7 千公顷。但相比之下，农作物绝收面积的数量相对较为稳定。2010 年农作物绝收面积为 4863.2 千公顷，此后基本维持在 4000 千公顷以下。其中 2012 年最低为 1826.3 千公顷，2016 年为 2902.2 千公顷。

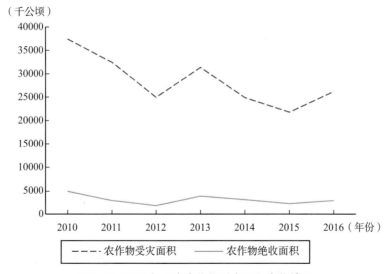

（千公顷）

图 5 - 7 2010 年以来农作物受灾面积变化情况

资料来源：国家统计局，2010 年以前的数据缺失。

五、资源环境

单方面强调粮食自给率，加剧农业资源的掠夺性开发和利用，给农业资源环境带来难以逆转的伤害，挖空粮食安全的基础资源环境保障。中国在以不到世界耕地总量 10% 的土地，养活了超过全球 20% 的人口。工业化和城镇化的快速发展和人口不断增长的压力，一直在挤压耕地规模，政府最后不得不出台全国耕地总数目 18 亿亩红线，以确保一个最低的粮食安全耕地数量。目前，全国有约650个县的人均耕地面积低于联合国粮农组织规定的人均0.8亩警戒线，其中有大约450个县的人均耕地面积不足0.5亩。中国水资源分布严重不均，水资源有效利用率仅为30%～40%，相比之下，世界发达国家的利用率在70%～80%。在如此紧缺的耕地上保证粮食产量持续增加，依靠的是化肥的大量投入。

数据显示，改革开放后的1980年到2015年年底，我国粮食产量增长了82.8%，而我国化肥施用量增长了4.5倍，化肥施用量的增速远超过粮食产量的增速。根据农业部公布的数据显示（见图5-8），我国农作物亩均化肥用量21.9公斤，远高于世界的平均水平（每亩8公斤）。我国年化肥使用量占世界的35%，相当于美国、印度的总和。与此同时，化肥利用率非常低，三大粮食作物氮肥、磷肥、钾肥的利用率仅为33%、24%和42%。农药使用增加速度也非常明显，1991年农药用量为76.53万吨，到2015年为178.3万吨，增加了100多万吨。农药利用率仅35%，比发达国家低10%～20%。农药化肥的过度使用，不仅造成土地板结，而且由于化肥未被土地充分吸收，形成大规模面源污染，是我国环境污染的主要来源之一。农用塑料薄膜用量在1991年为64.21万吨，到2015年增加为260.36万吨，是1991年的4倍多。

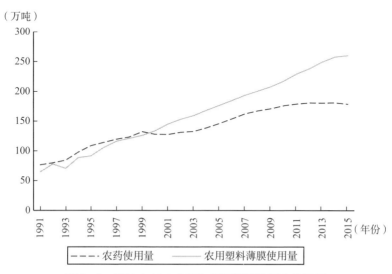

图5-8　1991年以来农药和塑料薄膜使用变化情况

资料来源：国家统计局，1991年以前的数据缺失。

第三节　政府粮食储备与粮食安全

粮食储备是粮食供给的重要组成部分，是稳定粮食供给的关键手段。粮食生产和消费在空间和时间上广泛存在矛盾，储备是生产、流通、消费环节中不可缺少的一环，起到平滑供给、缓解供需矛盾的作用。一个国家或地区粮食储备的状况通常是该地区粮食安全水平的重要标志。政府建立储备，通过储备调节作用于粮食总供给，产不足需时动用储备充实供给，产过于需时吸收过剩供给，从而起到稳定粮价、稳定粮食市场的作用。在过去长期粮食紧缺与国外经济封锁等多重影响下，中国政府历来有储备粮食的传统。

一、粮食收储政策与粮食安全

（一）第一阶段（1949—1953 年），形成市场调控为目的的粮食储备政策雏形

中华人民共和国成立，粮食集中在广大农户手中，大城市粮食供应偏紧，不法商贩从中作梗导致粮食价格大幅波动。为了保证大城市粮食供应，平抑粮食价格和打击不法商贩，国家主要采取大规模粮食调运来弥补城市粮食不足（王林贵，1997）。为了稳定城市粮食供应，政府初步提出"储备粮"的设想，并拟采取征收公粮、收购余粮的措施来增加国有储备量。1952 年后，全国粮食生产开始恢复，于是政府确定在国家的粮食库存中留存 20 亿公斤粮食作为粮食储备（吴娟，2011）。这个阶段，国家储备初步形成，政策目的在于调控国内粮食市场，保证粮食供应，此时的粮食储备政策为国家未来发展提供了稳定的国内环境。

（二）第二阶段（1954—1989 年），建立以备战备荒为目的的粮食储备双轨制

中华人民共和国成立之初面临的国内外局势还非常不稳定，加之中国

历来自然灾害频发，1954 年 10 月 18 日，《中共中央关于粮食征购工作的指示》中提出，"为了应付灾害和各种意外，国家必须储备一定数量的粮食。"国家粮食储备正式建立，主要目的在于备荒备战（曹宝明，1998）。与此同时，中国开始实行计划经济，农村地区建立起"三级所有，队为基础"的人民公社制度，粮食自由市场瓦解、统购统销制度建立。此时农民手中很少有余粮，为了满足地方储备需求，1962 年农村集体储备粮建立，形成了国家储备之外的一大力量。1965 年 10 月，当时的储备政策制度化，计划经济体制下国家储备与集体储备并行的双轨储备制正式形成（丁声俊，2004）。当时的国家储备主要有以战备为目的的甲字粮、军用"506"粮，由国务院和中央军委共同管理。集体储备也规模庞大，1979 年高达484.5 万吨，成为粮食供应的重要后备防线（邹彩芬，2005）。计划经济体制下形成的粮食储备制度一直沿用到 1990 年（王林贵，1997）。然而随着我国农村基本经济制度的改变，农业生产效率大幅提高，这样的粮食储备政策越来越不能满足现实需要。1990 年全国粮食丰产（王林贵，1997），国家统一收购的负担进一步加重，同时市场上供过于求，粮价波动频繁，给农民带来很大损失。为了改变这一局面，国家开始对当时的粮食储备制度进行改革。

（三）第三阶段（1990—1998 年），宏观调控为主要目的的国家专项粮食储备政策

为了适应市场化的需求，稳定粮食供求和调节粮食价格，1990 年国家专项粮食储备制度建立，主要目的从过去的备战备荒转为经济宏观调控作用，尤其强调稳定粮食供求市场、调节价格、救灾济贫、防止谷贱伤农、实现粮食安全。为了更好地管理国家粮食储备并指导地方的粮油储备工作，国家粮食储备局建立。调控手段以市场手段为主，粮食储备收购价格由国务院讨论并确定，贷款由中国人民银行专门下达，中央财政负担贷款利息。形成储备的方式是，先通过合同订购的方式获得基本储备，再通过收购各地余粮扩大储备规模。到 1997 年 3 月国家手中掌握的粮食相当于粮食年总产量 38% 左右（谢扬，1997）。为了保证区域

粮食市场的稳定，1995 年中央出台了粮食省长负责制（陆正飞，章江益，1997）。

在这个阶段，国家粮食储备局的建立标志着中央政府将利用国家储备调控市场行为，顺应了社会发展需要。尽管取得了一定成效，但问题也逐渐暴露出来。首先，由于粮食价格长期低迷，国有粮食企业无法顺价卖粮，国有粮企普遍巨亏，经营难以为继；其次，国家粮食储备管理层级过多，购粮指标顺次层层下放，缺乏灵活性，导致调控政策严重滞后，严重影响宏观调控效果，国家花费了巨资，粮食仍然卖不出、调不走、储不下、调不动。

（四）第四阶段（1999 年至今），宏观调控和垂直管理为主的粮食收储政策

以往的国家粮食储备采取的是委托地方粮食企业行政管理部门层层代管的体制，各级政府对自身的权利和义务不明确，造成很多管理漏洞；国家储备粮的储备地点过于分散，还与地方储备相混淆，加大了监管难度；在吞吐和轮换操作中，主管部门没有自主权限，必须层层报批至国务院，再层层下达操作命令，严重影响调控效率和效果。

1999 年国务院对国家储备制度进一步改革，建立垂直管理制度，成立中国储备粮管理总公司，负责储备粮管理。改革的主要目标在于充分发挥市场机制对粮食购销和价格形成的作用，完善粮食价格形成机制，稳定粮食生产能力。在这个阶段，粮食储备政策的主要目的没有发生重大变化，而在粮食储备体系的组织结构上作出了很大调整。2003 年 8 月 15 日，以中华人民共和国国务院令第 388 号公布施行《中央储备粮管理条例》，这是我国规范储备粮管理的第一部行政法规，标志着中央储备粮管理开始步入法制化进程。

二、"库存—消费"比与粮食安全

在粮食收储政策之下，我国建立了相当规模的粮食储备。尽管我国粮食产量和进口量都在增加，但由于政策设计上的问题，储备规模在不断增

加。较高的储备能够有助于形成数量可观的粮食供给，确保粮食安全。但我国的粮食储备规模非常庞大。根据国际谷物理事会的估计，2016 年美国粮食库存消费比在 14.8%、日本为 14.1%、印度为 12.2%、俄罗斯为 13.3%，而中国高达 103.9%。我国人均库存是世界平均水平的 6 倍左右，总库存是世界其他所有购价库存的 1.8 倍，远高于我国粮食消费占世界粮食消费 20% 的比重。

有关储备规模的测算，世界粮农组织 FAO（Food and Agriculture Orgnization）在 1974 年提出，以作物年度转结储备与消费量之比（Stock-to-utilization Ratio）衡量粮食安全储备水平，推荐确定世界最低粮食安全储备率为 17% ~ 18%，其中后备库存 5% ~ 6%，周转储备 12%。参照这一算法，可以计算我国的库存消费比。根据布瑞克农业数据库公布的数据，将四大主粮的库存消费比计算如图 5 - 9 所示。从总趋势上来看，四大主粮的库存消费比在 1999 年都比较高，此后大幅度下降到一定程度之后，除了玉米在 2012 年以后大幅提高之外，其他品种的增速都比较缓慢。1993 年稻谷库存消费比为 62.6%，此后基本稳定，但 2000 年开始下降，2006 年达到最低的 19.76%，然后逐渐回升，2017 年库存消费为 57.76%。小麦库存消费比在 1991 年为 77.28%，稳步上涨到 1999 年的 110.783%，此后迅速下跌到 40% 左右，到 2017 年库存消费比为 41.07%。玉米的库存消费比在 1991 年为 29.45%，1994 —2003 年经历了一个小高峰，最高为 71.38%，此后下跌到 2010 年的最低点 19.31%，但 2013 年以后库存消费比骤然增加到 63.42%，到 2015 年进一步增加到 129.08%，在政策调整下 2017 年为 96.73%。大豆的库存消费比远低于三大主粮，近年来基本维持在 20% 左右。尽管布瑞克数据可能与国家统计数据有一定差异，但也能反映出库存的总体变化情况。可以看到，我国三大主粮的库存消费比基本都比 FAO 规定的标准水平要高。

三、国有粮企收购与粮食安全

过去研究者做了统计，我国每年粮食总产量约 5 亿吨，农户储备占了

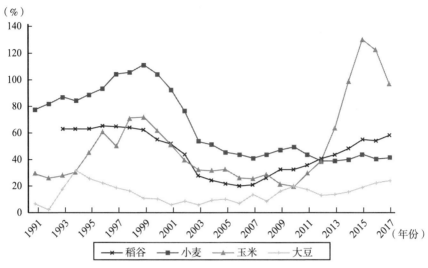

图5-9 主要粮食品种"库存-消费"比变化情况

资料来源：布瑞克农业数据库。

一半左右，国家储粮约占1/4，企业商业性周转储备大体也占1/4。然而目前的资料显示，在我国6.2亿吨的粮食库存中，民间存量不到4%，政府储备占比高达96%以上。近年来每逢粮食收获季节，国有粮食企业收购了大量粮食，私人粮油加工企业买不到粮的现象却越来越突出，粮食供应不足直接影响私人粮食企业运营，打击了市场活力。

国有粮食企业深度参与粮食购销活动，与粮食本身的重要性密切相关。为了保证粮食安全和市场稳定，政府长期把控粮食购销，建立国有粮食购销系统。这样的系统在粮食紧缺阶段，能够保证分配的稳定和有效性，确保粮食供应。但在粮食过剩阶段，很容易造成政府大包大揽，财政不堪重负。根据布瑞克农业数据库整理的统计数据，计算出国有企业收购数量与当年产量的比值（见图5-10）。从走势上来看，不同粮食品种的收购情况呈现较大的差别。大米的国有企业收购量占比较低，有一定波动但幅度相对较小。1978年大米的国有企业收购量占比为20.82%，此后逐渐增长到1990年的最高值32.57%。尽管此后大米产量在增加，但国有企业收购占比略有下降。在粮食减产的2000年前后，国有企业收购量占比降低到17%左右，最低是在2007年的15.24%。此后大米的国有企业收购占比逐渐回升，到2015年恢复到27.79%。小麦的国有企业收购占比在

1999 年相对稳定，从 1978 年的 21.86% 增长到 1999 年的 33.92%。2000 年至今波动幅度增加、占比的大小呈现明显增加的趋势。2000 年占比为 40.33%，在 2001 年增长到 47.28% 以后，迅速下跌到 2004 年的 37.50%，此后又在 2008 年和 2009 年增加到 59% 以上，但 2013 年又下跌到 33%，截至 2015 年占比为 39.14%。玉米的国有企业收购占比没有明显的变化趋势，但波动一直都比较大。1978 年玉米的国有企业收购占比为 18.71%，此后波动上涨到 1990 年提高到 34.84%，1999 年达到历年以后的最高值 42.36%，而后又继续下降。2011 年玉米的国有企业收购量占比降低到 17.78%，此后快速增加，到 2014 年达到 41.71%，到 2015 年达到 66.98%。大豆的国有企业收购量分为两个明显的高区域。1978 年大豆国有企业收购量占比为 28.55%，此后稳步增加，在 1988 — 1991 年提高到 60% 左右。此后波动下降，2002 — 2004 年降到 10% 以下。2009 — 2010 年又出现高幅增长，大约为 43%。需要注意到，比例变化要结合产量变化来分析更有意义。尽管部分品种的占比略有下降，但由于产量基数很大，国有企业收购量的绝对值是增加的。国有企业收购的体量增加，必然会影响市场自由机制的发挥。

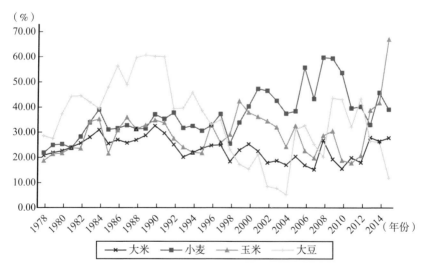

图 5 - 10 国有粮食企业收购量占当年产量比例变化情况

资料来源：产量数据来自国家统计局；国有企业收购量来自布瑞克农业数据库及中国粮食年鉴。稻谷和大米折算比为 0.7。

第四节　未来的粮食安全

只注重粮食产量和库存的粮食安全观念在未来难以为继。在改革开放四十年这一重要历史阶段，需要根据当前经济社会发展、国内外形势的新变化，对当前的粮食安全观念进行反思和重新定位。这样才能充分打破旧的观念和政策带来的桎梏，保证新时期下的国家粮食安全，从而为我国经济社会发展打下良好的基础。

一、确保自给能力

我国粮食生产确实存在结构性矛盾，需要进行结构优化。原农业部早在 2015 年发布的《关于进一步调整优化农业结构的指导意见》中已经强调"进一步调整优化农业结构绝不意味放松粮食生产"。应当兼顾粮食生产与农业结构调整的关系，确保中国人的饭碗牢牢端在自己手上。稳定粮食产量和粮食产能，实现谷物基本自给、口粮绝对安全。坚持"藏粮于地、藏粮于技"，增加政策支持力度，改善农业生产的基础条件，提高农业技术装备水平，持续推进农业技术进步，增强粮食综合生产能力。从技术和金融领域出发，培育农民商品经营能力，增强农民的抗风险能力。大力发展绿色农业，增强可持续发展能力。积极开拓国外市场，提高品种优势和加工能力，增强国际竞争力。创新政策支持方案，从收益、评价指标、奖励等方面激励农民种粮积极性、科技人员创新积极性和地方政府抓粮积极性。

二、回归储备定位

摒弃粮食安全对提高产量、扩充储备的片面追求。确保粮食安全要依靠粮食生产能力、加工转化能力等，并非庞大的国家储备。市场经济体制下，储备被赋予价格支持和收入保障功能，规模不断扩大，市场扭曲效应逐渐凸显。过量储备不仅浪费自然和社会资源，其市场扭曲效应还反作用于市场，增加市场风险、威胁粮食安全。所以，储备数量与结构要有一定的限度，并非越多越好，并非都要国家垄断储备。储备的定位应当主要在保障粮食安全、稳定粮食市场，需要限定执行范围，不能敞开收购。而执行主体也应当鼓励多元主体收购，充分发挥市场的自发调节作用。在新的经济社会发展背景下，储备也应当把现代信息技术、物流发展水平以及交通运输条件考虑在内，优化储备管理和布局。在政府储备方面，要注重储备效率，注重财政负担能力。

三、质量数量并重

粮食总量基本自给、实现粮食安全的前提是粮食的质量过硬。如果粮食质量较差，甚至存在安全问题，仍难以保证粮食安全。粮食质量问题是目前供需矛盾中最突出的问题之一，过去过度强调粮食增产，农民倾向于种植产量高的品种，导致高品种粮食产量下降。在国内优质粮源欠缺，而国外粮食优质低价，催生大量进口，进一步加剧国内粮食供求矛盾。除此之外，食品安全问题日益突出，在粮食领域农药化肥过量施用、粮食陈化问题等都严重威胁下游加工产业食品安全。除了在数量上协调供求关系之外，未来农业供给侧改革要把粮食质量考虑在内。优化种植结构，实现优质优价，满足居民营养健康多元化需求，成为新时期保障粮食安全的重要使命。过去中国对粮食质量的重视程度不够。在进行粮食质量评价时，大多是纵向与历史情况比较，而缺乏横向的与国际市场的比较。随着消费者对粮食及其制成品的品质要求不断提高，以及国内外市场紧密度的增加，国内粮食质量较低的问题凸显出来，成为威胁未来粮食安全的一个关键问题。

四、升级食物安全

随着国内消费转型升级，原粮的需求不断增加，对原粮安全的要求也在增加。但原粮转换为食品除了需要较强的加工转化能力之外，还需要一定的时间。所以，可以适当考虑加强加工转化能力，同时适当增加对某些关键食品供应的要求。我国食物消费逐渐多元化，粮食安全已经不仅仅是原粮的需求，原粮制成品（面粉、面条等）、肉类（猪肉、鸡肉）等的客观需求也在增加。在未来的粮食安全中，可以考虑强化加工转化能力，确保在紧急状况下的生产能力。除此之外，加强对某些特殊商品的流通和储备，例如面粉制品、冷冻猪肉等。在饲料行业，可以加强对豆粕、玉米饼等饲用原料的关注。这些产品一般不在关税限制之内，可以在一定范围内进口以保证国内使用安全，这样也能降低国内粮食生产的压力。

五、海外保障能力

要充分利用国外资源，加强国际合作，强化海外粮食保障能力。树立开放安全、合作安全理念，形成统筹两个市场、国际竞争力强的开放型农业。加强能力建设，立足国内优势，主动参与国际分工，利用两个市场两种资源，积极扩大农产品出口。实施以劳力、智力换土地、换资源，出口劳动、技术、知识密集型农产品，进口资源密集型农产品，倒逼我国提升农产品质量和效益。提高国际化经营水平，强化粮食全球化布局，提升海外资源配置能力，培育海外生产基地，打造国际化的农业品牌。大力提升农业的市场化水平、综合效益和国际竞争力，主动参与海外市场，增加对国际市场的控制力。

/第六章/

食品安全形势的变化

从 1978 年实行改革开放到 2018 年，我们国家已走过 40 年的光辉历程，经济发展迅速，社会稳定和谐。在此期间，食品安全始终是一个民生问题，关系到国民生命健康、经济繁荣与社会稳定。多年来，为了控制食品安全风险，消除人民群众的食品消费恐慌，我国政府积极推进法律和行政层面的食品安全监管体系改革，制定《中华人民共和国食品卫生管理条例》《中华人民共和国食品安全法》以及每年的《食品安全重点工作安排》等相关制度法规，提高食品安全违法侵权行为的惩罚标准。但是，囿于食品供给需求系统的庞杂、食品安全监管策略的失范和食品安全问题本身所具有的外部特性，导致食品安全问题恶疾难除，屡禁不止，食品安全屏障屡屡被突破，给人民群众的健康和社会稳定埋下严重隐患。

我国拥有庞大的食品消费市场，2017 年居民人均食品烟酒消费支出5374 元，占人均消费支出的 29.3%，较 2016 年增长 4.3%，这也是造成食品安全问题的现实压力。从经济理论来讲，食品安全问题实质是信息不对称引发的"柠檬市场"问题，信息不对称导致市场失灵，这时政府的充分介入就十分必要（徐金海，2007；秦明等，2015）。换言之，依托政府职能，完善政府管理体系和法规制度是缓解食品安全压力的有效工具，有助于保障消费者的健康，提高公众的食品消费信任度（Ortega，2011）。所以，如何实现政策和制度的精巧选择成为解决食品安全问题的关键，也备受政界和学者的广泛关注。

本章首先对 21 世纪以来的典型食品安全事件进行回顾，然后梳理改革开放以来我国食品安全的相关制度法规；再次，分析食品安全面临的突出问题；最后，提出食品安全治理的几点趋向。

第一节　典型食品安全事件回顾

一、苏丹红鸭蛋（2006 年）

2006 年 11 月央视报道了北京市个别市场和经销商售卖通过喂饲苏丹红饲料生产的"红心鸭蛋"，随后中国质量新闻网、腾讯、搜狐等相关媒体也对此进行了报道，北京、广州、河北等地相继停售"红心鸭蛋"，并督促销售单位采取召回措施。至此，苏丹红鸭蛋事件浮出水面，引起公众的关注。从抽检结果来看，鸭蛋中的苏丹红含量从 0.04mg/kg ~ 7.18mg/kg 不等，足以对消费者的健康造成威胁。事发后，通过逐户排查共发现可疑鸭场 7 个，存栏鸭 9000 只，可疑饲料 800 公斤，可疑鲜鸭蛋 510 公斤，咸鸭蛋 70 公斤，若将其全部销售至市场，必然会带来严重的安全隐患。事实上，苏丹红不属于食品添加剂，而是一种化学染色剂，主要是用于石油、地板以及工业溶剂等方面，目的是增加色度，提高观感。但是，苏丹红具有严重的致癌性和致突变性，食之会对消费者造成不可估量的身体损害。无良商贩正是看重了苏丹红的染色特性，将其添加至饲料中喂养鸭子，产下"红心鸭蛋"，以此来仿造通过天然放养所产下的味道鲜美的鸭蛋，欺骗消费者，牟取不正当利益。这种即将进入消费者餐桌的"红心鸭蛋"一度引起社会恐慌，也为食品安全的末端监管敲响了警钟。

二、三聚氰胺奶粉事件（2008 年）

2008 年 9 月甘肃省岷县 14 名婴儿同时患有肾结石病症①，随后又在该省发现 59 例相同病症患儿，并有部分患儿已经发展为肾功能不全，造

---

① 王雪. 甘肃 14 名婴儿同患"肾结石"，省卫生厅介入调查 [EB]. (2008 – 09 – 10). [2018 – 11 – 05]. http：//news. sohu. com/20080910/n259473266. shtm.

成 1 人死亡，该现象引起了外界的关注。经过多方调查，出现类似病症的婴儿均食用了由三鹿集团生产的 18 元左右价位的奶粉，随后的抽检发现奶粉中含有化工原料三聚氰胺，奶粉来源除三鹿之外，还包括伊利、蒙牛、光明和雅士利等多个厂商，三聚氰胺奶粉事件浮出水面，并很快恶化。三聚氰胺是一种化工原料，主要用于木材加工、涂料、纸张、纺织、皮革等行业，如果长期摄入会造成生殖能力损害、引发肾结石，严重者可诱发膀胱癌。但是，三聚氰胺能够提高食品的蛋白质含量指标，囿于我国食品检测标准的缺陷，在高额利润的驱使下，不法厂商视法律和消费者的健康于不顾，向奶粉内添加工业用三聚氰胺，伪造品质，压低成本，牟取非法利益。然而，不法厂商的盈利目标并未实现，受三聚氰胺奶粉事件的影响，消费者普遍对国产奶制品丧失信心，并且重创了中国制造商品的信誉，导致多个国家明令禁止进口中国的乳制品，2008 年 10 月我国奶制品市场消费量下降到 50%，次年 6 月才恢复到 70%。

三、地沟油事件（2010 年）

2010 年 3 月 17 日，《中国青年报》一则有关"地沟油"回流餐桌的报道称，根据武汉工业学院何东平教授出具的一组数据：我国每年有 200 万~300 万吨的"地沟油"流回餐桌[1]，"地沟油"含有的黄曲霉素具有很强的致癌性，其毒性是砒霜的 100 倍，自此"地沟油"事件开始浮出水面，引起社会的关注。一般而言，"地沟油"是不法商贩从下水道中的油腻漂浮物、剩饭剩菜、劣质猪肉、动物肝脏以及多次使用的煎炸油脂中提炼加工而来，其中含有大量的醛、酮、过氧化物等对人体有害的物质，长期食用会造成腹泻、头晕、肠胃炎以及内脏器官的衰竭，为消费者的健康埋下重大安全隐患。为减少"地沟油"所带来的恶性冲击，国务院相关部门发布《餐饮服务食品安全监督管理办法》《关于加强"地沟油"整治和餐厨废弃物管理的意见》等文件对餐厨废弃物的排放、处理提出了新要求。此外，在全国范围内也开展了打击提炼、储藏、售卖"地沟油"等违

---

① 蒋昕捷. 围剿地沟油［EB］.（2010 - 03 - 11）.［2018 - 11 - 05］. http：//zqb. cyol. com/content/2010 - 03/17/content_3138166. htm.

法犯罪行动。"地沟油"进入公众的饮食领域不仅暴露出我国在食品安全监管环节的漏洞，也反映出我国在食品安全监测标准方面的滞后。不可避免的是，"地沟油"廉价进入商品市场，将导致"劣币驱除良币"，扰乱正常的市场秩序。

四、瘦肉精事件（2011 年）

2011 年 3 月 15 日，中央电视台对"瘦肉精"事件进行了报道，肉品安全由此备受关注。事实上，早在十多年前"瘦肉精"事件就已频繁发生，例如 2001 年浙江省出现 60 多人心慌、头晕、手抖等症状，临床验证为"瘦肉精"中毒；2006 年上海、广州和杭州等地发生 8 起群体中毒事件，化验结果证实中毒者均因食用了含有"瘦肉精"的猪肉和内脏；2009 年"瘦肉精"导致上海 336 人中毒和广州 70 人中毒，影响十分恶劣。当前所言的"瘦肉精"并非具体单一的物质，而是指任何能够抑制动物脂肪生成，促进瘦肉生长的一类化学物质，最具代表性的是盐酸克伦特罗和莱克多巴胺，长期食用会导致染色体畸变，诱发恶性肿瘤。非法商贩看重了"瘦肉精"增加瘦肉含量、减少脂肪沉积以及提高肉品重量等功能，无视严重后果，将其添加在动物饲料中，铤而走险，牟取不正当收益。与此同时，"瘦肉精"事件也反映出我国在食品安全监管、检验检测、法规制度等方面的不足，给社会民众带来严重的安全隐患，同时也将政府公信力推向风口，面临重大考验（周永刚，2014）。

五、"僵尸肉"事件（2015）

2015 年海关总署部署了 14 个省份重点商品的集中专项整治行动，在该项行动中，共立案侦办冻品走私犯罪案件 141 起，查获走私冻品 42 万吨，总价值达 30 多亿元[①]。更令人震惊的是，部分冻品的储藏时间长达三四十年，远远超过保质期而腐败变质。同年 6 月，中央电视台《焦点访

---

① "大战僵尸肉"的拉锯战何时才能休［EB/OL］．（2016 - 08 - 08）．［2010 - 11 - 05］．http：//opinion. people. com. cn/n1/2016/0808/c1003 - 28620083. html.

谈》、新华网、侨报网等媒体争相报道了"僵尸肉"事件，"70 后"猪蹄、"80 后"鸡翅进入公众视野，舆情迅速蔓延。所谓的"僵尸肉"一般是指存储时间过长，已经超出或可能已经超出保质期的冷冻肉品，这部分冻品没有被销毁，反而通过走私途径重新进入食品市场供公众消费。通过后期的调查发现，"僵尸肉"主要来源于美国、巴西、芬兰、德国等国，是早期的"战略储备物资"，进入国内的冻肉大多没有经过检验检疫，可能携带细菌和病毒，并且长期的冷冻会降低营养价值和加工特性。诚然，食品不可能实现 100% 的安全，但是如此惊悚的呈现方式极大地挑战了公众的心理底线，敲响了防范输入性食品安全风险的警钟。

六、镉大米事件（2017 年）

2017 年 11 月 6 日，某志愿者通过自媒体发布了篇名为"临近稻谷收割期，江西九江出现'镉大米'"的公开举报信，称九江市港口街镇出现了超标的"镉大米"，受灌溉水源的影响，稻米中的镉含量少则超标 1.56 倍，多则超标 8.1 倍，成为名副其实的毒大米。其实，早在 2013 年就有镉超标的万吨毒大米流入广东的消息，引起了公众的哗然，并且"镉大米"事件不停发酵。通过后期的调查发现，镉超标的大米主要来源于有"鱼米之乡"之称的湖南。有报告称，我国被镉、砷等污染的土地近 1.8 亿亩，仅镉污染的土地也许就达到 8000 万亩。从其危害性来看，镉具有很强的致癌性，并且具有 15 ~ 20 年的潜伏期，长期食用会影响人的生殖系统、造血系统以及肾脏功能，并且可诱发骨质疏松、痛痛病等，对人体健康造成巨大的损害。更为严重的是，我国有超过 60% 的人口以大米为主食，如此严重的质量问题，若不加强管制，其后果是不可想象的。与此同时，这也暴露出我国粮食质量安全监管在生产环境保护、风险监控与评估、追溯机制建立以及信息公开等方面的缺陷。

第二节　食品安全管理制度的演变

在不同的发展阶段，国家都有相应的历史任务和时代使命，改革和发展的重点亦不相同。尽管如此，食品安全管理制度的演变却始终与国家的发展阶段密切相关，尤其是改革开放以后，食品卫生与安全成为每个发展时期的重要民生问题。故此，根据我国特有的国情和制度安排，可将改革开放以来食品安全管理制度划分为：经济转轨时期的食品监管制度（1978—1991 年）、市场经济体制下的食品安全监管制度（1992—2012 年）、新时代下的食品安全管理制度（2013—2018 年）三个主要阶段。

一、经济转轨时期的食品监管制度（1978—1991 年）

中华人民共和国成立后近 30 年的时间里，我国一直为国民的衣暖食足而努力，食品供应紧张，较少顾及食品卫生和安全问题。但是，1978 年之后，随着改革开放的深入推进，我国的经济和政治体制发生了巨大的变革，粮食供应基本满足了生产和生活需求，随之人民群众对食品卫生和安全提出了新要求。为顺应这种变革，我国的食品卫生安全管理制度逐步建立和发展，至此，真正意义上的食品安全监管开始萌芽。在社会主义建设的快速发展期，1979 年出台了《中华人民共和国食品卫生管理条例》，标志着中国食品卫生监管具备了正式的制度依据，初步实现了食品卫生问题的制度性监管。该条例共七章二十八条，所涵盖的内容是食品卫生和质量的管理，主要表现为：一是以列举的方式定义了食品；二是对食品原料、添加剂以及包装进行了界定；三是首次提及食品卫生标准；四是规定了生产、运输和销售过程中食品卫生的标准。该条例的目的是防止各类食品中毒和疾病传染，增进人民身体健康。为保障条例的约束刚性，提高法律效能，1982 年将其修订为《中华人民共和国食品卫生法（试行）》。尽管上述条例和法律存在某些不足，约束监管方案略显粗糙，但对于我国食品安全监管的历程而言，无疑具有里程碑式的意义。但是，囿于当时经济社会的发展，消费者和政府都对食品安全问题的认知十分模糊，监管制度和相关措施的设计也存在较大的局限性。具体而言，食品安全监管的职责主要集中在卫生部，并且监管范围主要局限于食品生产企业的生产基本条件和餐饮业的卫生状况，更为明显的是，经济转轨时期的食品监管主要是强调食品卫生问题，严防食品所引起的疾病，尚未涉及内容更为广泛的食品安全。从现实来看，这一时期食品卫生基本可以保障，并未出现重大的食品安全问题。不可否认的是，该部法律对加强食品卫生的监督管理、规范食品生产经营活动、强化食品卫生的监督意识、理顺食品卫生监督体制以及后期食品安全相关的制度设计具有重要的价值。

二、市场经济体制下的食品安全监管制度（1992—2012 年）

1992 年 10 月，中共十四大报告提出：中国经济体制改革的目标是建立社会主义市场经济体制，标志着计划经济时代的结束和市场经济体制的到来。在此过程中，公众的食品消费结构和模式发生了巨大变化（周海文等，2017），品种逐渐丰富多元，并且在 20 世纪 90 年代中后期我国主要食品总产量保持持续增长，谷物、水果、肉类、禽蛋、水产品等六类食物的总产量居世界第一位，食品供应紧张的局面彻底改变。此后，公众有更多的精力和经济支持去追求更为健康的食品，注重营养的均衡，对食品卫生和质量的要求越来越高。具体表现为四个方面：一是食品生产阶段要求干净卫生、营养丰富、口感鲜美；二是食品加工阶段要求添加剂、防腐剂和人工色素应符合食品卫生标准，并逐步过渡为对食品添加剂的排斥；三是食品运输阶段要求通风卫生，拒绝腐烂变质和细菌超标；四是食品销售阶段注重包装的精美，关心包装是否会造成二次污染等。更为突出的是，该阶段消费者逐步青睐认可有机食品、绿色食品和无公害食品，从食品卫生逐步过渡为食品安全。1993 年农业部发布《绿色食品标志管理办法》，对绿色食品标志进行了界定，指出了建立绿色食品标志制度的宗旨和目的。2002 年农业部联合国家质检总局发布《无公害农产品管理办法》，并在同年发布了《无公害农产品标志管理办法》，主要对无公害农产品的内涵外延、生产要求、认证方法以及无公害农产品标志的管理使用等内容作了明确的规定。随后，2004 年中国绿色食品发展中心发布了《绿色食品等级标准》，该标准对绿色食品的生产操作、产品标准和包装标准进行了严格规范。

21 世纪伊始，利润趋向思潮涌流，食品生产者更为注重短、平、快的利益获取方式，并且在先进技术手段的辅助之下冒险生产假冒伪劣、不卫生、不安全的食品，最终导致"苏丹红鸭蛋""三聚氰胺奶粉"等恶性食品安全事件的发生，公众的食品安全信心遭到重创，也引起了国人对食品安全保障制度的诸多质疑。为此，2004年国务院印发《关于进一步加强食品安全工作的决定》，对食品安全的监管主体进行了明确界定，提出"一个监管环节由一个部门监管，采取分段监管为主、品种监管为辅的监管方式"。具体来说，农业部门负责初级农产品生产环节的监管，质监部门承担食品生产加工环节的卫生监管责任，工商部门负责食品流通环节的监管，卫生部门则主要负责餐饮业和食堂等消费环节的监管，食品药品监管部门负责食品安全的综合监督、组织协调和依法组织查处重大事故。为了与上述食品安全监管规范相契合，国家随后又出台了一系列与食品安全相关的法律制度：例如2006年4月出台《中华人民共和国农产品质量安全法》，主要对农产品的质量安全标准、农产品包装与标识、监督检查和法律责任等内容进行了规定。明确提出，县级以上地方人民政府统一领导、协调本行政区域内的农产品质量安全工作，并采取措施建立健全农产品质量安全服务体系，提高农产品质量安全水平。2008年9月，卫生部的"三定"方案又将综合协调食品安全的职责划入卫生部，同时将食品卫生许可，餐饮业、食堂等消费环节食品安全监管职责由卫生部划分给国家食品药品监督管理局。随后，2009年6月实施《中华人民共和国食品安全法》，该法在2006年《中华人民共和国农产品质量安全法》的基础上增加了食品安全标准、食品生产经营、食品检验、食品进出口和食品安全事故处置等内容，使其成为一部比较完备的综合性食品安全法。自此，食品安全的综合治理和监管有了明确的约束性规范，并且为了更好地协调各部门的食品安全监管工作，2010年2月国家正式组建成立国务院食品安全委员会，全面负责食品安全工作，委员会职责具体包括三方面内容：一是分析食品安全形势，研究部署、统筹指导食品安全工作；二是提出食品安全监管的重大政策措施；三是督促落实食品安全监管责任。2012年6月国务院出台《关于加强食品安全工作的决定》，并从食品安全监管体系、监管力度、食品生产主体责任以及技术支撑体系等方面作出了明确的部署和要求。

三、新时代下的食品安全管理制度（2013—2018年）

中国的食品安全问题与经济发展水平、政治体制转型密切相关（马东等，2014）。十八大报告以来，我国经济发展进入新常态，国家发展进入快车道，食品产业气势高涨，本土中产阶级人口数量快速增长，导致对高品质和安全食品的需求更强烈，食品安全问题一度成为社会热点。2017 年党的十九大报告明确提出，中国特色社会主义进入新时代，国家发展面临新情况、新矛盾和新问题，社会主要矛盾已经转化为人民日益增长的美好生活需要和不平衡不充分的发展之间的矛盾，人民群众更加期待美好的生活，对食品安全也充满期许。基于此，党中央坚持以人民为中心的发展思想，积极关注食品安全问题，与时俱进地提出了一系列关于食品安全工作的新思想、新政策和新论断。

根据国务院的机构改革和职能转变方案，2013 年 3 月组建了国家食品药品监督管理总局，统一负责食品安全的监管和保障工作，主要特点是将食品安全的分段监管转换为了集中监管。具体来看，此次变革主要对内设监管机构和职能做了以下三点调整：一是将食品安全办的职责、食品药品监管局的职责、质检总局的生产环节食品安全监督管理职责以及工商总局的流通环节食品安全监督管理职责整合为国家食品药品监督管理总局；二是统一监督管理生产、流通、消费环节的食品安全和药品安全；三是将食品安全监督管理队伍和检验检测机构划转到食品药品监督管理部门。改革后的食品安全管理体制，规避了监管重复和盲点并存的低效监管"陷阱"，提高了食品安全的监管效率。相关法律制度方面，为适应食品安全环境的变化，提高法律的时效性，拟对 2009 年实施的《中华人民共和国食品安全法》进行修订，2013 年 10 月《中华人民共和国食品安全法（修订草案送审稿）》公开征求意见，较之于 2009 年实施的原《中华人民共和国食品安全法》，送审稿着重在落实监管体制改革、政府职能转变、企业主体责任、地方政府任务、食品安全社会共同治理以及违法违规行为处罚六个方面进行修订。随后，2013 年 11 月十八届三中全会通过的《中共中央关于全面深化改革若干重大问题的决定》从食品药品监管机构、监管制度、质量标识制度等方面对食品药品安全治理进行了明确阐述，为新时代下的食品安全管理提供制度支持。

经过近两年的积累和讨论，2015 年 4 月审议通过了《中华人民共和国食品安全法》，新法共 154 条，比原法增加了 50 条，并对 70% 的条文进行了实质性的修改（任端平等，2015）。新的《中华人民共和国食品安全法》增设了食品安全基本原则、深化了食品安全监管职责，对食品安全监督管理制度、食品生产经营者主体责任、地方政府属地管理责任以及部门监管职责等方面做了明确的要求和部署，倡导用"最严谨的标准、最严格的监管、最严厉的处罚、最严肃的问责"来确保广大人民群众"舌尖上的安全"，成为国家破解食品安全难题，解决公众基本诉求的有效工具，同时也标志着中国对食品安全问题的治理进入了重典治乱的时代（苏毅清等，2016）。2016 年 10 月印发实施的《"健康中国 2030"规划纲要》进一步对食品安全标准体系、食品安全风险监测评估、食品产地指导监管以及互联网食品经营治理等内容作出了详细的安排。2017 年 4 月国务院印发《2017 年食品安全重点工作安排的通知》，从法制建设、标准制定、环境治理、产业转型等方面对食品安全工作进行了详细部署，提出了解决食品安全问题的具体方案。随后，2018 年 3 月按照国务院机构改革方案，决定取消国家食品药品监督管理总局，国务院食品安全委员会的具体工作由新组建的国家市场监督管理总局承担。由于后者承揽了国家工商行政管理总局、国家质量监督检验检疫总局的职责，一定程度上可有效减少食品安全监管治理的跨部门障碍，提高食品安全的管理效率。

表 6 - 1 显示的是我国食品安全制度体系的变迁过程。

表 6 - 1 食品安全制度体系的变迁

阶段	主要制度	工作重点	保障主体	变革动因
1978—1991 年	《中华人民共和国食品卫生管理条例》《中华人民共和国食品卫生法（试行）》	食品卫生	行业主管部门负责，卫生行政部门监督	从属变革
1992—2012 年	《中华人民共和国食品卫生法》《关于进一步加强食品安全工作的决定》《中华人民共和国食品安全法》《食品安全风险监测管理规定（试行）》《关于加快推进餐饮服务食品安全检验能力建设的意见》、2012 年中央"一号文件"	食品卫生（主）、食品安全（副）强化食品安全监管综合协调，加强检验检测体系和追溯体系	卫生行政部门监督，相关部门配合，食品药品监管局，质检总局	从属变革主动变革

续表

阶段	主要制度	工作重点	保障主体	变革动因
2013 年至今	新《中华人民共和国食品安全法》《关于加强食品安全工作的决定》《食品安全重点工作安排》、2013 年中央"一号文件"、2014 年中央"一号文件"、2015 年中央"一号文件"、2016 年中央"一号文件"、2017 年中央"一号文件"、2018 年中央"一号文件"	食品安全 2013 年"改革食品安全监管体制，落实全程监管责任，强化生产过程环境监测，健全食品安全追溯体系"；2014 年"建立最严格的覆盖全过程的食品安全监管制度，支持标准化生产、重点产品风险监测预警、食品追溯体系建设"；2015 年"加强县乡农产品质量和食品安全监管能力建设，建立全程可追溯、互联共享的农产品质量和食品安全信息平台"；2016 年"把保障农产品质量和食品安全作为衡量党政领导班子政绩的重要考核指标"；2017 年"强化风险分级管理和属地责任"；2018 年"实施食品安全战略，重点提高基层监管能力"	食药监总局集中管理，相关部门配合	主动变革

第三节　食品安全面临的主要问题

一、法律规章制度不完善

现行的食品安全法的实施体制过度依赖行政力量的执行，具有以下三个缺陷值得完善。首先，公共执法资源稀缺，制约食品安全监管绩效。从食品执法的工作人员到仪器设备，从检测成本到可用经费，各地的食品安全监管调查报道普遍反映严重不足，"人员少、装备差、水平低、经费不足、形式主义"已成为食品安全监管的基本概括。例如，在流通环节，各级工商局承担着 103 部法律，201 部法规和 124 部行政规章的监管执法任务，俨然成为食品安全监管的刚性约束。其次，法律规章覆盖不全面，食品安全监管鞭长莫及。从农田到餐桌，食品产业链包含了生产、储藏、加工、运输、销售等诸多环节，产业链上参与主体众多，并且几乎每个阶段都存在食品安全风险，对此，当前的食品安全法律法规略显无力。例如，农产品的生产，农户仍然是农产品生产的最大群体，但农口相关监管部门通常使用的主体登记、资质许可等手段，对个体农户均无法适用，导致缺乏对责任主体的约束。最后，对违法犯罪的处罚措施不完备。例如《中华人民共和国农产品质量安全法》对农产品生产经营者违法行为的惩处主要实行行政罚款，一般额度在 2000 元以内，最高额度不超过两万元，而且缺少相关刑事处罚的规定，威慑不足，致使生产者的违法成本过低。

二、食品违法违规生产严重

国家对食品生产过程中的药品和添加剂的使用做了明确的规定，但受经济利益的驱使，许多不良的食品生产者依旧违法违规使用，初级食品中生物性、化学性和环境污染物的潜在威胁已成为不容忽视的问题。根据《2017 年食品安全网络舆情检测报告》，2017 年的舆情案例中，"超标""添加"等词汇出现的频率最高[①]，表明细菌超标、成分超标、非法添加、制假售假等现象依旧是食品安全领域的主要问题，并且从出现的"苏丹红鸭蛋""三聚氰胺奶粉""碱性绿海带"等食品安全案件中也可以洞见食品违法违规生产的严重性。具体来看，种植业主要存在高毒、高残留农药使用问题；畜牧业存在饲料添加剂、抗生素以及违法违规加工问题；渔业存在违禁鱼药和饲料添加剂等问题。此外，制假售假现象也十分突出。食品药品监管统计年报的数据，2017 年食品药品监管部门查处食品案件25.7 万件，责令停产停业 1852 户次，吊销许可证 186 件，捣毁制假售假窝点 568 个，移送司法机关的 2454 件，总体基数仍然偏高。

三、食品安全监管方式欠妥

监管是化解食品安全问题的关键措施，其不足之处主要有以下五点。第一，"运动式"监管普遍存在。所谓"运动式"监管是指食品安全事件出现之后，监管部门以搞"运动"的方式进行清剿打击。这种方式具有速效性，但是缺乏重点打击和深度整治，难取得持久效果。第二，多部门监

---

① 杨店.2017 年食品安全网络舆情监测报告，中国网络口碑 [EB/OL]. (2018 - 01 - 02). [2018 - 11 - 05]. http：//www. legalweekly. cn/article_show. jsp？f_article_id = 15226.

管问题突出。长期以来，我国食品安全规制职能主要集中在农业、卫生、质检、工商四个部门，其分工分别对应食品的生产、加工、流通和消费。囿于食品产业链条的复杂性，在实际监管过程中，往往存在分段不清、监管覆盖和缺位共存的状态，导致监管效率不高。第三，监管目标扭曲。一般而言，食品安全监管机构会将办案处罚业绩作为年度考核的重要内容，监管者往往倾向罚款多少、查获假冒伪劣产品多少、取缔不法商贩多少等指标性任务，对于食品安全怎么管、如何管等根本问题却少有要求，这使得日常监管处于一种随心所欲的状态。第四，分段监管依然存在。从实际情况来看，我国的食品安全监管存在明显的农业、工商、质检等部门各管一段的分段式监管现象，不仅如此，每个部门中还存在鲜明的分段式监管。表面看监管部门能够各司其职，实际上这种监管方式存在明显的弊端，监管部门间尚不能实现无缝对接，造成职能错位和监管盲区。第五，食品安全监管信息透明度不高。主要表现在食品生产企业的信息公开不全面、部分政府网站食品安全信息较为滞后、公众投诉举报反馈信息公布不及时等方面。

第四节　食品安全治理趋势

一、制度先行，建设完备的法规标准

（1）构建以《中华人民共和国食品安全法》为中心的一揽子食品安全规章。2009 年开始颁布实施《中华人民共和国食品安全法》，食品安全的监管与处理有了明确的法律依据，2015 年又对《中华人民共和国食品安全法》做了重新修订，补充和拓展了原有的法律内容。但是，现实中食品安全问题是纷繁复杂的，仅是单凭一部法律很难做到全面覆盖，解决出现的所有食品安全问题。所以，食品安全法的顺利实施，必须辅以生产技术、存储规范、检验检疫等配套的一揽子制度安排。

（2）完善食品安全标准体系，注重地区差异。应对现有的食品安全标准进行修正完善，确保其科学性、统一性和权威性，避免由于标准的交叉、重复和矛盾导致的内部损耗问题。关注饮食地域差异，尤其是做好少数民族聚集地区食品安全标准的灵活处理。此外，实现食品安全标准的制定实施与相应的监管部门一致对接，并力求覆盖食品供应链的整个环节，实现制度间和部门间的有效衔接。再次，借鉴国际食品安全标准，补足自身短板。重点关注世界粮农组织、世界卫生组织、国际标准化组织等的食品安全技术规范和指南，参照发达国家的食品安全法规和标准，构建与国际接轨的食品安全法律法规体系。

（3）确保食品安全制度的落地实施。借助行政和社会力量，严格控制食品生产、存储、运输和销售环节的安全监管，对照标准层层把关，对食品安全问题做到零容忍。

二、重视过程，采用现代化监管策略

（1）整合监管资源，破除食品安全监管中的条块分割。从现实来看，不安全因素贯穿食品产业链的各个环节，条块分割式的食品安全监管模式，往往存在监管缺位、交叉和重复等弊端，导致在处理食品安全问题时出现监管分歧、相互推诿和管理懈怠。因此，现代化的食品安全监管流程应涵盖产地环境、投入品质量、生产行为、监测预警以及市场准入等关键环节，力求覆盖从"农田到餐桌"食品链的所有环节，通过全程控制体系来确保食品安全。

（2）优化食品安全监管组织机构，扭转主体分散、权力交叉、重复设置的职能配置架构。具体可从以下三个方面实施：一是以食品供应链为主要监管途径，实现分环节监管；二是依托先进的管理方法，采用网络化、一体化、扁平化的监管方式，进行层级和网络覆盖式的监管；三是充分考虑食品安全监管的地域差异，体现食品安全监管组织结构与管理体制的地区特色。

（3）完善食品安全监管手段的机制设计，改善监管绩效。根据食品安全风险的特点和规律，构建食品安全风险评估系统和预警系统，优化可追溯体系、食品召回制度和"三品一标"制度。建立统一标准、信息共享的食品安全检测监测信息数据库，尝试构建国家级食品安全实验室系统。

（4）加强食品安全基础教育，发挥市场自律作用。具体可从以下三个方面着手：一是建立食品安全基础教育体系，重视对重点人群如孕妇、婴幼儿家庭的食品安全宣传；二是引导媒体在揭露食品安全违法事件的同时，重视食品安全知识的普及；三是建立监管部门、行业协会、生产者以及经营者的食品安全诚信体系，增强全民诚信意识，用诚信和道德来规范约束人们的行为，逐步形成诚信为本、操守为重的良好社会风尚，从源头上遏制问题食品。

三、凝聚力量，形成食品安全共治化

食品安全的社会共治是一项长期任务，重点是调动社会的参与积极性。

（1）在制度层面遵循食品安全的共治原则，发挥行业自律、社会监督和生产者自控的作用。事实上，食品安全治理是一个复杂的多主体匹配和协同管理的问题，妥善解决存在一定的科学规律。因此，在进行食品安全监管制度设计时，除强调发挥政府的主导功能之外，也应更多地强调生产者自律自控、第三方监督约束以及消费者监督反馈，推动形成共生融合的社会共治机制。

（2）搭建食品安全信息共享平台，降低消费者鉴别投诉成本，提高其参与动力。具体可从以下三方面努力：一是疏通食品安全信息传播渠道，对公众开展食品安全知识的教育宣传，一方面引导消费者进行健康消费，另一方面是强化消费者的食品安全认知水平和维权意识；二是公布食品安全问题的处理信息，让公众的投诉举报有反馈，提高维权积极性；三是做好食品安全风险预警信息的传播，并且保证信息的权威性，最大限度减少损失，避免信息不明造成的社会恐慌，提高公众的食品安全信任度。

（3）细化惩处准则，维护共治环境。一方面强制侵犯消费者利益者支付高额惩罚性赔偿金，提高违法成本；另一方面建立企业信用记录制度、"黑名单"制度以及失信行为联合惩戒制度，对有不良记录者，采取取缔直至禁止进入行业的措施。

（4）发挥社会舆论的监督力量。媒体是一种重要的食品安全监管力量（郑适等，2016；林文声等，2016），所以，应充分利用微博、微信、新闻手机客户端、报纸、广播等媒体平台的舆情传播功能，调动社会力量。同时，也要严防网络媒体对食品安全事件的虚假宣传和造谣传谣乱象。

四、风险防控，提高监测预警能力

在食品安全监管过程中，风险评估既是制定食品安全标准和法规的必要手段，同时也为评估食品安全突发事件危害程度和预测食品安全事件变化趋势提供依据。因此，监管部门基本达成共识，未来的食品安全监管应该是建立在风险评估基础上的预防性体系。提高食品安全监测预警能力，应从以下四点努力。

（1）强化食品安全舆情信息监测平台建设。结合搜索引擎、人工搜索及网页浏览监控，优化检索关键词和重点浏览的信息源，对智能平台进行进一步升级，提升舆情监测效率和效果。

（2）建立覆盖主要城市、产区和品种的风险评估实验室和实验站。正如"红心鸭蛋"事件和"三聚氰胺奶粉"事件一样，食品安全问题具有很强的突发性和迅速蔓延性。所以，食品安全风险评估要抓关键区域和关键品种，做到精准控制。

（3）防范行业性、区域性、系统性风险。着力构建"预警及时、反应快速、处置有力"的风险防控体系，强化预警能力，加大风险监测、风险评估和隐患排查力度，摸清食品生产和加工行业的突出隐患及"潜规则"问题。

（4）积极开展食品安全知识的科普宣传。编印《食品安全常识》《食品安全知识读本》《食品安全知识手册》等科普书籍，普及食品安全知识，组织专家解读食品安全热点敏感问题，以此来提高民众对食品安全危害的预防能力和监督积极性。

五、猛药去疴，加大应急处置力度

食品安全事件频发的最主要原因仍是监管问题，因此切实提高食品安全监管能力和应急处置能力十分重要。2015 年中央"一号文件"提出，健全食品安全监管综合协调制度，强化地方政府法定职责。2016 年中央"一号文件"重申，强化食品安全责任制，把保障农产品质量和食品安全作为衡量党政领导班子政绩的重要考核指标，为食品安全监管提供了理论方向。实践中，具体可从以下四方面来着手。

（1）积极争取中央及各地财政资金支持，推动食品安全保障工程建设，构建省、市、县、乡、村五级网格化监管体系，提高基层检测装备水平和监管执法能力。

（2）积极探索独具特色的食品安全监管模式。学习和借鉴基层监管的先进经验，对诸如监管于服务中的"仙居模式"、加强源头管控的"威海模式"、监管体系建设的"商洛模式"等有效的监管模式进行大力推广。

（3）提升应急处置能力。加大舆情监测力度，加强应急培训，开展应急演练，建立上下联动、区域协同、联防联控的应急处置机制，提升应急能力。

（4）实现惩罚弹性化。一般而言，食品安全违法存在多种可能，标签包装不合格、成分不达标、有毒有害物质超标等。这些行为的危害具有本质的差别，也应对应不同的惩罚方式，避免市场驱逐式的严厉惩罚。但是，对于制假售假、使用违禁高毒添加剂的行为，要始终保持高压态势，猛药去疴，重典惩罚，增强执法威慑力。

/第七章/

畜牧业的快速发展

40 年的改革与发展，深刻地改变了中国的农业农村面貌，中国改革开放的 40 年也是畜牧业快速发展的 40 年。本章将通过回顾 40 年来中国畜牧业发展历程，归纳和总结畜牧业取得的成就，在分析畜牧业存在问题的基础上，展望未来畜牧业实现转型升级和跨越式发展的光明前途。

第一节　改革开放以来畜牧业发展情况

一、改革开放以来畜牧业阶段性发展情况

（一）快速恢复：散养主导期（1978—1984 年）

1978 年中共十一届三中全会召开以后，中国工作重点逐渐转移到社会主义现代化建设上来，随着家庭联产承包责任制的推行深化和市场经济改革的初步发展，中国畜牧业发展速度迅猛，实现了畜产品供需基本平衡的历史性大跨越。

1979 年党的十一届四中全会通过了《中共中央关于加快农业发展若干问题的决定》，要求"大力发展畜牧业，提高畜牧业在农业中的比重"。1970 年以来"积极发展集体养猪，继续鼓励社员养猪"的经济政策调整为"继续鼓励社员家庭养猪养牛养羊，积极发展集体养猪养牛养羊"，并

且不限制饲养数量，这不仅极大地提高了社员家庭饲养牲畜的积极性，也鼓励了农牧民大规模饲养牲畜。

1980 年 3 月，国务院批转农业部《关于加速发展畜牧业的报告》，指出了畜牧业在整个农业当中薄弱环节的现实情况，并指出了要提高畜牧业、肉蛋奶在农业和在食物中的的比重；1982 年，中共中央批转《全国农村工作会议纪要》，强调"要把一切行之有效的鼓励畜牧业发展的政策落实到各家各户"。畜禽养殖的积极性极大地提高了，畜牧业生产发展迅猛。

1984 年全国肉类总产量达到 1540.60 万吨，1979 年全国肉类总产量为 1062.40 万吨，6 年增长了 1.45 倍，年平均增长率为 6.39%；1984 年生猪出栏 22047.0 万头，比 1978 年（16110.0 万头）增长了 136.85%，牛、羊等大牲畜的存栏、出栏、肉类产量、人均肉类占有量均有大幅上升。

（二）产量扩充：产业规范期（1985—1997 年）

1985 年 1 月，中共中央、国务院发布《关于进一步活跃农村经济的十项政策》，生猪派养派购的政策被取消，实行自由上市、自由交易、随行就市、按质论价，并且多数畜产品的统一定价也被取消，改为在国家指导价格下的议购议销，多数畜产品价格已经放开。

畜产品流通体制的改革，促进了城乡集贸市场的兴起，国有商业独家经营畜产品的局面被改变。1984 年农业部下达瘦肉型猪基地建设计划，1985 年 11 月财政部和农业部提出有计划、有重点地加快发展瘦肉型猪生产，联合召开全国发展瘦肉型猪生产经验交流会，确定拨款分批建设瘦肉型商品猪基地县。同时，肉牛等其他畜禽品种的商品基地建设也得到迅速发展。

为缓解我国副食品供应偏紧的矛盾，1988 年农业部提出建设"菜篮子工程"，一期工程建立了中央和地方的肉、蛋、奶、水产和蔬菜生产基地及良种繁育、饲料加工等服务体系。农产品持续快速增长，我国副食品供应长期短缺的局面得到根本上的扭转。

1992 年，党的十四大报告正式提出建立社会主义市场经济体制，中国农村改革也开始向市场经济转轨，畜牧业得到快速发展。我国畜产品供求在 20 世纪 90 年代中期初步实现了基本平衡，畜牧业的发展实现历史性跨越也为其作为农业支柱产业的行业地位奠定了基础。

1996年我国肉类总产量达到4584.0万吨，是1985年肉类产量1926.5万吨的2.38倍，年均增长率达到7.49%；1996年畜牧业总产值为6015.5亿元，占农业总产值的26.91%，比1985年提高了4.85个百分点。

（三）转型发展：结构调整期（1998—2011年）

20世纪90年代后期，我国主要畜产品总量实现了供需平衡的局面，同时丰年有余。但我国畜牧业出现了诸多问题，畜牧业发展的结构性、地区性等问题十分突出，畜牧饲料短缺严重，畜牧业环境污染备受压力，产品安全问题迫在眉睫，畜牧业发展出现的这些问题都在影响着人民群众正常的生活水平，对畜牧业的结构进行调整成为大势所趋。

1998年，党的十五届三中全会通过的《中共中央关于农业和农村工作若干重大问题的决定》，强调了必须长期坚持以公有制为主体、多种所有制经济共同发展的基本经济制度，以家庭承包经营为基础、统分结合的经营制度，以劳动所得为主和按生产要素分配相结合的分配制度，并要在此基础上深化农村改革，"深化农产品流通体制改革，完善农产品市场体系"。

2001年10月，国务院办公厅转发了农业部《关于加快畜牧业发展的意见》，肯定了党的十一届三中全会以来我国畜牧业取得的巨大成就和大力发展畜牧业的重要地位，重点支持畜牧业结构和布局的调整优化，加强良种繁育、饲料安全、疫病防治、科技教育等基础设施建设；在畜牧业科技进步、畜产品加工转化增值、畜牧业可持续发展等方面，要求各省、自治区、直辖市人民政府、国务院各部委、各直属机构认真贯彻执行，为畜牧业发展提供优厚的政策支持。在此之后，农业行业标准专项制修订计划的启动和一系列促进了畜牧业发展的政策的推行，促进了畜牧业生产的新发展，产业整合进一步加快，畜牧业生产逐步向优势区域集中，并且从追求数量增长逐步向追求质量效益的提高方向转变。2006年，全国牛奶产量达3193.41万吨，奶类产量首次进入世界前三名，我国畜产品结构得到进一步优化。肉类总量平均年增长率保持在3.01%，同时，其他畜产品生产均进入常规增长状态，其中猪肉、牛肉、羊肉产量年平均增长率分别为2.60%、2.72%、5.51%。

这一时期国家对畜牧业的政策支持力度明显加大，宏观调控手段逐步加强。2007年1月，国务院下发了《国务院关于促进畜牧业持续健康发展的意见》，指出了我国畜牧业在发展中也存在落后的生产方式、不合理的产业结构和布局、较低的组织化程度、较弱的市场竞争力、不健全的支持保障体系、较低的抗风险能力等问题，以期利用新的意见和政策来促进畜牧业持续健康发展，促进和加快传统畜牧业向现代畜牧业转变。2007年8月国务院出台了《国务院关于促进生猪生产发展稳定市场供应的意见》，指出要在切实搞好市场供应的同时，建立保障生猪生产稳定发展的长效机制，调动养殖户（场）的养猪积极性，从根本上解决生猪生产、流通、消费和市场调控方面存在的矛盾和问题，并出台一系列促进生猪产业发展的政策。同时，2007年9月，国务院出台了《国务院关于促进奶业持续健康发展的意见》，良种繁育、疫病防控、生产补贴、保险制度、产业化经营、质量标准体系和标识制度建设等一系列支持奶业发展的政策相应出台，促进我国奶业持续健康发展。

（四）改革突破：生态健康养殖期（2012—2018年）

经济发展新常态下，畜牧业也面临着保供给、保安全、保生态和较大的市场竞争等压力，加强畜牧业供给侧结构性改革、推动其转型升级成为大势所趋。中国畜牧业面对越来越复杂的内外部环境，注重在平稳中调整、在调整中优化，加快推进适度规模养殖，大力发展现代养殖业，表现为知识密集、资本集约、绿色生产、优质高效的特征。

这一时期的畜牧业发展偏向以下几点。

（1）发展目标由侧重数量转变为数量与质量并重。中国经济发展进入新阶段，居民生活水平特别是膳食结构得到改善，原粮消费呈减少趋势，畜产品消费增加；同时消费从"吃得饱"升级到"吃得好""吃得健康"。与食物需求结构相对应的是，畜牧业发展从侧重数量向质量、效益并重转变。

（2）生产模式由分散经营转变为发展适度规模。我国畜牧业发展从分散经营到注重发展规模经营，最后发展到注重适度规模经营，新型经营主体快速壮大。适度规模养殖是转变生产方式的重要内容，有利于建设现代畜牧业，畜禽标准化适度规模养殖为有效供给提供保障。

（3）产业结构由耗粮型为主转向发展节粮型。在前期的畜牧业发展过程中，饲料产业发展不健全制约了畜牧业的发展，尤其是粮饲结构不合理加剧了我国畜牧业供求矛盾，过度发展耗粮型畜牧业导致"与民争粮"和畜产品供需结构失衡。现阶段畜牧业发展大力推动"粮改饲"，发展节粮型畜牧业，缓解粮食供求矛盾，保障畜产品有效供给。

（4）监督管理以堵为主转变向疏堵结合。畜禽养殖污染已成为我国农业污染的主要来源，在处理畜禽污染问题上，注重农林牧渔结合、种养加一体发展，运用疏堵结合的方式来达到健康养殖，提高畜牧业可持续发展能力和综合效益。

二、改革开放 40 年来中国畜牧业发展的巨大成就

改革开放以来的 40 年我国畜牧业发展取得了举世瞩目的成绩，具体表现在畜产品供给的质量和水平快速提高，畜牧业规模化发展成绩斐然，人民的动物性产品消费水平大幅改善；同时，从全球发展角度来看，我国畜牧业对世界畜牧业发展作出了巨大贡献。

（一）综合生产能力大幅提升，产业地位迅速提高

（1）畜产品产量迅速增长。2017 年年底我国生猪、肉牛、羊出栏量分别为 68502.00 万头、5110.04 万头、29107.15 万头，分别是 1978 年的 4.25 倍、21.26 倍、11.10 倍，平均年增长率分别高达 3.78%、8.15%、6.37%；同时畜产品产量增长也十分迅速，1980 年我国肉类产量为 1205.40 万吨，2016 年增长到 8537.76 万吨，年增长率达 5.59%；其中猪肉、羊肉的年均增长率分别为 4.38%、6.70%；牛肉增长速度最快，年均增长率高达 9.55%；奶产量同样保持快速持续增长，年均增长率达 10.06%。

（2）中国畜牧业在世界畜牧业中占有重要地位。中国畜牧业的发展为世界畜牧业的长足进步作出了卓越的贡献。1978 年我国生猪出栏量为 16110 万头，占全球生猪出栏量的比例为 25.84%；2017 年我国生猪出栏量为 67200 万头，占全球生猪出栏量的比例为 55.01%，生猪产业在世界上占据着绝对主导地位。肉牛产业的发展成绩也十分突出，中国肉牛期初

存栏占全球比例从 1983 年的 1.66% 发展到 2017 年的 25.68%，年平均增长率为 8.14%。鸡肉作为我国最主要的消费禽肉，对于人民群众生活水平的提高和畜牧经济结构的优化具有重要意义，1978 年我国鸡肉产量占全球鸡肉产量比例为 4.48%，而到 2013 年，这一比例达到 13.28%，36 年增长了 2.96 倍，平均年增长率为 3.06%。鸡蛋产业，同样是我国的优势产业，2016 年我国鸡蛋产量为 2650 万吨，占世界鸡蛋产量的比例高达 35.86%，相对于 1978 年这一比例为 8.11%，年平均增长率为 3.89%。

改革开放 40 年以来，中国畜牧业已取得了巨大进步，解决了占世界 20% 人口对动物营养的基本需求，确保国内食物供应稳定和安全。与此同时，中国作为畜牧业生产和消费大国，为世界畜产品的持续稳定供给和国际畜产品市场的价格平稳作出了重大贡献。

（3）畜产品结构日趋优化。在居民消费结构中，肉蛋奶的消费结构趋于合理，人均肉类消费占肉蛋奶消费比重从 1978 年的 84.06% 下降到 2016 年的 45.87%，奶类消费比重不断上升，2016 年奶类比重为 21.09%；禽蛋消费比重总体呈增长趋势，从 1978 年的 15.94% 增长到 2016 年的 33.04%。在肉类消费中，不同肉类产品的产量变化较大，猪肉消费比例始终占据主导地位，1978 年人均猪肉消费量比例高达 89.66%；而到 2016 年，人均猪肉消费量比例为 75.10%，牛肉、羊肉比重分别为 6.70%、5.75%。

（4）畜牧业产值稳步提升。我国畜牧业总产值由 1978 年的 209.30 亿元，增长到 2016 年的 31703.15 亿元，年均增长率达 13.74%；畜牧业总产值占农林牧渔业总产值由 1978 年的 14.98% 增长到 2016 年的 28.28%，年均增长率为 1.64%；畜牧业逐渐发展成为我国农业经济的支柱产业。

（二）良种工程日益重视，技术创新突飞猛进

《全国生猪遗传改良计划（2009—2020 年）》在国家生猪核心育种场的遴选、种猪系谱档案的建立健全、种猪生产性能测定、核心育种场遗传交流与评估、人工授精技术推广普及等方面做了详细规划，促进了生猪良种繁育体系的进一步完善，推进了生猪遗传改良进程；《全国肉牛遗传改良计划（2011—2025 年）》明确了国家肉牛核心育种场作为提供肉牛育种和优秀种公牛的主体力量的地位，开展完善了种牛登记制度，规范了种牛

生产性能和青年公牛后裔测定，在肉牛选育技术和肉牛新品种培育等方面做了重要贡献；《全国肉鸡遗传改良计划（2014—2025年）》明确了肉鸡育种的地位，促进了肉鸡种业科技创新水平的提高，企业育种主体地位得到强化，推进了我国肉鸡遗传改良和国家肉鸡良种繁育体系进程；《全国肉羊遗传改良计划（2015—2025年）》确定了重点选育地方品种、育成品种、引进品种的方案，在国家肉羊遗传评估中心、区域性生产性能测定中心、国家肉羊核心育种场等方面制定了详细标准，推进了肉羊生产性能测定和肉羊育种核心群组建进程，有利于本品种选育和新品种培育，并健全了种羊系谱档案。

畜禽良种工程的推进有利于提高种禽的质量，促进良种供应能力的提高。国家大力支持畜禽良种改良工作，对购买优质良种资源进行补贴，加快良种扩繁基地建设；重视对畜禽质量的监测，加强良种畜禽的精液等生产性能检测；推进畜禽遗传改良、良种繁育技术推广，加强种畜禽质量安全监管、种业国际合作等工作。2015年遴选的生猪、肉鸡核心育种场达37家，肉鸡良种扩繁扩广基地为15家，通过畜禽遗传改良计划提升畜禽自主育种水平。

（三）相关产业发展迅猛，饲料行业动力强劲

饲料行业的发展由追求经济效益的增长和数量的发展转向优质、环保、安全的发展方向，同时饲料企业的结构和分工也越来越完善。2015年饲料生产企业数量为8508家，单一饲料生产企业较少，而配合饲料、精饲料等生产企业和化工、生物发酵等饲料添加剂企业数量较多；同时饲料总产量和饲料工业产值也呈现不断上涨的趋势，配合饲料、浓缩饲料的产量占据饲料总产量的比重超过95%。

饲料产品结构不断优化调整。生猪饲料在饲料总量中占据着绝对主导地位，但猪饲料的比例呈现递减趋势；蛋禽、肉禽、水产、反刍动物等饲料产量呈现不断上涨趋势；饲料添加剂、直接制备饲料添加剂和混合型饲料添加剂产量稳步增长，其中氨基酸、维生素产量增长较为明显。

"粮改饲"稳步推进，促进种植结构调整，在降低养殖成本的同时保障玉米种植的收益，促进种养结合，提升了畜牧业的生态效益和饲草料生产服务功能，推动了专业化生产服务组织和机械化发展。

（四）基层体系建设扎实，科技推广日趋完善

畜牧业科技推广机构数量增长明显，2015 年年底全国有 38382 个各级畜牧技术推广机构，其中乡镇级的机构占据 84.48% 的比例；各级畜牧技术推广机构在编职工总数 222403 人，乡镇级机构在编职工数比例为 63.18%，且具有中高级职称的在编职工比例达 36.82%。

针对技术推广，在畜禽粪便资源化利用、青贮专用玉米技术推广、畜牧科技成果推介等方面取得显著成绩，在"种养结合、集中处理、清洁回用、达标排放"的技术模式下，畜禽污染得到有效的控制，同时降低了养殖成本，提升了畜牧业经营效益；积极按照"以养定种"的要求发展高效畜牧业，青贮专用玉米技术推广有效推进了草牧业发展，推进了粮经饲统筹、种养加一体化、农牧业结合的现代畜牧产业体系建设进程；积极发展畜牧业科技成果推介会，尤其注重为畜牧业育种、畜禽遗传资源保护与利用等企业的发展搭建新技术交流与市场合作的平台，发展国家级等高水平的畜禽遗传资源保种场、生猪核心育种场、蛋鸡核心育种场、种公牛站等众多畜牧业龙头企业。

（五）扶持力度持续加大，政策优惠只增不减

国家大力扶持生猪产业发展，对生猪调出大县进行奖励，支持和引导生猪养殖场标准化改造，对生猪良种进行补贴；大力扶持肉牛肉羊产业发展，支持标准化规模养殖场（小区）建设，补贴肉牛肉羊良种，提升良种化水平，积极发展母牛、母羊扩群增量项目，增强牛羊肉市场供应基础；大力扶持奶业发展，对奶牛标准化规模养殖场建设进行补助，改善水电交通、粪污处理、卫生防疫等基础设施条件，对奶牛良种进行补贴，增强对奶牛生产性能测定，提升牧场养殖管理水平。

大力支持畜禽标准化规模养殖发展，以"奖代补"等方式支持养殖场进行标准化改造，以"畜禽良种化、养殖设施化、生产规范化、防疫制度化、粪污无害化"的标准发挥示范场的带动作用，进一步促进畜牧业标准化发展。

实施草原生态保护补助奖励政策，改善草原过度开发的状况，稳步推进草原生态补偿长效机制促进草原休养生息，草原禁牧、休牧、轮牧等制

度促进了草畜平衡，提升了草原畜牧业综合效益；促进草原畜牧业生产方式的转变，由天然放牧发展为舍饲、半舍饲，初步达到了"禁牧不禁养、减畜不减肉"要求，保障肉类市场供应；增强草原补奖在保护草原生态和提升农牧民收入上的作用，促进农牧民生态补偿脱贫和农牧民政策性增收。

重视动物疫情防治工作。中央财政和地方财政对高致病性禽流感、口蹄疫、猪瘟、高致病性猪蓝耳病等疫病拨付强制免疫疫苗补助经费，进行强制免疫；对高致病性禽流感、口蹄疫、高致病性猪蓝耳病、小反刍兽疫、奶牛布鲁氏菌病、结核病等疫病实行强制扑杀补助政策；对养殖环节病死猪无害化处理进行补助政策，逐步扩大补助范围，从养殖场扩大到散养户，以养殖量和无害化处理率挂钩的财政补贴机制推动畜禽养殖安全；实行动物防疫工作补助政策，尤其注重基层动物防疫工作的补助，有效调动基层防疫员的积极性，保障动物强制免疫等基层防疫工作的开展。

第二节　畜牧业快速发展的原因与经验

一、产业地位备受重视，扶持政策助推发展

国家根据畜牧业发展的不同阶段制定了一系列对应的支持政策，在基础设施建设、财税政策、金融政策、生产区域布局等方面给予了大力扶持。

不断完善畜牧业基础设施建设，加强对规模养殖区的基础设施建设投资，保障水电及交通运输等要素正常运转；推动畜禽健康养殖和草原生态补偿机制建设，保障草原和草场建设。

增加对畜牧业的财税政策支持。国家和地方政府不断对畜牧业关键部门和关键环节增加投入，尤其注重对良种培育、标准化养殖小区建设、种质资源保护等方面的支持，同时对畜牧业的科研、技术推广和人畜饮水方面安排专项资金；不断减少和清理养殖和屠宰环节的税费，对畜牧饲料出台税收优惠政策，降低畜牧生产成本；对于畜禽良种、牧草种子的引进实

行关税和增值税的减免，同时完善畜产品出口退税政策。

国家不断加大对畜牧业的金融政策支持。积极支持和引导金融机构对畜牧行业贷款，同时鼓励社会资本支持畜牧业发展，拓展畜牧业融资渠道多元化；提高金融部门对畜牧业的服务质量，为畜牧业贷款抵押和担保方式的创新提供特殊支持；农村信用社不断完善农户小额信用贷款制度，积极发展农户联保贷款制度，提升贷款支持畜禽养殖力度；引导和鼓励保险公司针对畜牧业开发和创新保险市场，提供多种形式和多种渠道的畜牧业保险服务，同时发展了不同畜禽品种和不同地域的政策性保险制度，提升畜牧业抗风险能力。

国家不断优化畜牧业生产区域布局，根据不同区域的资源禀赋，明确分区功能定位和资源优势，并根据实际发展阶段进行功能分区动态调整，逐渐形成不同特色的畜产品优势产区。利用城市发展为郊区畜产品加工业和畜禽种业的发展提供资金、人才、技术等要素上的支持；东部沿海地区畜牧业从主要辐射沿海大中城市到主要利用自身的优势发展外向型畜牧业，不断加强出口基地建设，提升畜牧业国际竞争力；中部地区不断提升畜牧业综合生产能力，利用丰富的饲料、土地及劳动力资源促进传统畜牧业向现代畜牧业转变，提升畜产品产能和产品质量；西部地区利用广博的地域和草场优势，发展特色畜牧业。

此外，国家根据不同地区的实际情况，把发展畜牧业当作振兴农村经济的突破口，利用畜牧业的发展来解决农民贫困问题，提高农民收入。

二、畜禽结构不断优化，产业生态日臻合理

国家不断提升和稳定生猪与家禽产业，突出发展节粮型草食畜牧产业，大力发展奶业和提升奶制品产能。从我国畜牧业发展进程来看，生猪产业在我国畜牧经济中始终占据着重要的地位，但牛羊禽产业发展势头迅猛，牛羊禽出栏及其各类肉产量的增长速度要高于生猪出栏和猪肉产量的增长速度。

我国积极发展生猪产业，实施以牛羊为主的草食畜禽产业的方针，促进了肉牛、肉羊、奶牛、奶羊等畜禽产业发展，提高了畜产品的品种丰富度和产品附加值。草食畜禽的快速发展不仅满足了人民群众多元化的生活

需求，而且优化了畜牧业生产结构，促进了秸秆、饲草等资源的开发利用，推动了资源优势向经济优势的转变，促进了节粮型畜牧业的发展，缓解了饲料粮供求矛盾，为畜牧业生产的全面发展奠定了基础。

畜牧业生产从追求畜产品数量增长到追求畜产品质量的提高和食品安全保障的转变，体现了国家政策导向的积极作用。国家促进畜牧业的发展重点在于提高畜产品的质量和畜牧业的效益，不断提高畜禽的良种率、出栏率和瘦肉率，提升畜禽肉产量和蛋禽产量等都促使我国畜牧业发展达到新高度。

三、集约化生产提效益，产业化经营促科技

国家大力发展集约化生产，充分调动畜牧业适度规模化发展的积极性，扶持标准化规模饲养，鼓励和引导建设大型标准化养殖场和养殖小区，不断降低养殖成本，改善养殖条件和防疫条件，提高畜产品生产能力；对标准化规模养殖场（小区）的粪污处理和沼气池等基础设施建设给予支持，对生猪等主要牲畜调出大县（农场）给予适当奖励，加强防疫服务和贷款风险、保费的补助等方面的保障。

大力支持畜牧企业加强基地建设，促进加工技术的提升和加工型企业的发展，支持畜牧企业树立龙头品牌，促进龙头企业带动畜牧业发展的规模化、产业化、集约化；促进畜牧业合作组织、农民和畜牧企之间的联结发展，大力发展订单畜牧业，提升养殖户增收能力；积极发挥畜牧业行业协会和专业合作组织的能动性，加强畜牧业行业管理和监督，规范畜牧业生产行为，保障畜产品质量安全，提升畜牧业发展水平。逐步重视国家市场，不断优化畜产品出口结构，促进畜产品品种的多元化，提升畜产品国际竞争力和国际市场占有额。

国家不断增加畜牧兽医科技的研发和推广投入，鼓励信息和生物等高新技术的综合研究与开发，积极培育新品种来培养畜牧业新的增长点，提升畜产品市场竞争力和畜牧业综合效益；鼓励畜牧业技术自主创新，同时鼓励先进技术的引进，不断提升技术装备水平，促进畜牧业发展效率和效益的提升；重视基层技术推广体系建设，特别是品种改良、疫情防治、饲料配制、集约化饲养等技术的推广，提高畜牧科技教育和普及水平，提升

畜牧业从业人员的整体素质，加速科技成果转化；加快畜牧科研中心创新能力的发展，促进国家基地畜牧科研中心和区域畜牧科研中心的交流与成果转化，促进畜牧企业与畜牧业研究机构、教育培训机构联合发展，提升畜牧企业高新技术水平和人力资源综合素质。

四、社会化服务体系完善，产业风险防控得当

国家不断加强畜禽良种繁育体系建设，通过畜禽基因库和改良中心的建设及研究来实施与推广良种工程，提升良种繁育、供应链衔接、种质资源保护的科研和实践能力，以适合我国畜牧业发展的良种繁育体系来促进畜牧业发展，不断提升良种覆盖率；促进畜牧企业与科研院所之间的合作，提高育种技术自我开发的能力。

不断完善饲料生产体系。促进饲料加工企业发展，扶持大型龙头饲料企业发展，逐步提升饲料产业的集中度；加强牧草种子繁育体系建设，促进优势牧草产业发展；推进粮食作物、经济作物、饲料作物三元种植结构的普及，在保障粮食安全的同时提高饲料供应能力；加强草产品加工业发展，加强现代草产品加工示范基地建设，同时在牧区和半牧区实行人工操场改良与草田轮作，保障畜牧业饲料产业的可持续发展。

加强动物疫病防控体系建设。加强常见动物疫情监测预警系统建设，提高应对疫情的处理能力；不断建立和完善畜禽标识体系，建立可追溯体系，保障畜产品的质量安全；对重大疫情的疫苗研制和畜禽免疫提供资金支持，对高致病性禽流感、口蹄疫等疫病依法实行强制免疫；加强对兽药和动物卫生质量进行监控与监督，完善兽医管理体制，提升基层兽医队伍素质，保障先进兽医技术推广。

第三节　畜牧业的发展前景

根据国内外畜牧业发展历程和发展经验，结合我国畜牧业发展阶段性特征、趋势的实际分析，我国未来畜牧业发展具有广阔前景。

一、环境友好型养殖，资源节约型生产

人民日益增长的美好生活的需要对畜牧业发展提出了更高的要求，居民对绿色、生态和有机畜产品的需求不断增加；同时鉴于环保的压力，畜禽污染问题得到社会大众的关注，畜禽养殖废弃物资化利用作为解决畜禽污染和提升畜牧业综合效益的有效途径而发挥着越来越重要的作用。国家要不断完善畜禽养殖废弃物资源化利用的各种制度设计和支持政策，推进用地支持政策、养殖场环境评估制度、碳减排交易制度、种养结合的农牧循环制度等政策制度的进一步完善；对于畜禽养殖废弃物资源化利用的绩效评价考核制度将更加健全，社会的监督和地方政府管理责任意识的加强会提高政策落实效果。

资源节约、环境友好型畜牧业有利于促进人与自然和谐发展，也有利于建设低碳化、可持续发展型畜牧业。畜牧业的发展与气候变化、环境污染、资源约束等一系列问题紧密联系。我国承担有约束力的减排责任不断增大，能源资源和环境硬约束对经济发展的压力也日趋加强，畜牧业低碳发展模式势在必行。畜牧业发展将不断创新在生产、加工、运输、消费一系列环节的低碳发展模式，优化能源结构，提升资源利用率，逐渐从开发高新饲料、畜禽粪污无污染处理、培育节能品种等角度探索低耗能、低排放、低污染的低碳之路，从而达到高产出、高效率产业收益的目标。

二、产业升级持续推进，生产效益稳步提升

现代化示范牧场创建和推进加快。现代化示范牧场的标准和流程会进一步规范化，主要以生猪、奶牛等规模化畜禽养殖为基础，同时发展一些特色养殖场，强化现代化示范牧场的带动作用；促进科研单位、合作组织、畜牧企业等多元主体加入现代化畜牧业建设当中，提升畜禽养殖设施的机械化、智能化、标准化水平，提升现代牧场的辐射面和社会影响力。

畜禽良种产业发展迅速。畜禽良种繁育对于畜牧业的整体发展和畜产品质量有着关键性的影响，畜禽核心育种场的建立和管理将会更加严格，

并要加强良种扩繁推广基地遴选和管理工作，确保畜禽良种工作和遗传改良计划良好运转。生猪、肉牛、肉羊区域性联合育种将有效推进，主要畜禽遗传评估工作逐步强化，畜禽育种企业和科研单位在创新畜禽遗传工作上将会进一步展开合作。

规模养殖场经营水平明显提升。建立在畜禽规模经营的基础之上，畜禽养殖模式的创新和推广将会明显提速，社会化分工的完善促进畜牧业产业链将更专业的经营者纳入现代化畜牧业生产体系当中。饲料大数据平台的建立和不断完善，推动了饲料精准配方和饲料精准供应的发展，专业化的饲料配置技术和饲料喂养技术将完美联动发展，为畜禽科学有效育肥增肥提供强有力的保障。在养殖场管理经营上，专业的技术团队、优秀的工艺研发与推广、智能化订单式的设施供应三者协同配套，提升养殖场的经营效率。畜牧业的订单经营模式也会快速发展，规模养殖场对接市场实时信息的途径和准确性将大幅提升，同时金融服务和保险服务积极配合以弱化产销过程当中的经营风险，将推动规模养殖场的经营水平进一步腾飞。

畜牧业预警工作倍受重视。国家和有关部门继续积极拓展数据收集的渠道，促进检测预警体系的搭建和推进；通过绩效考核管理、数据监测点轮换、专业人员培训等措施提高畜牧业数据收集的准确性和及时性；发挥检测预警数据平台和生产跟踪数据的实际效用，为畜牧业产业链生产计划的调整提供参考，提升畜牧业的综合效益。

三、产品结构多元发展，监管助推消费升级

畜牧业差异化特色化发展迅速。人民群众生活水平的提高也必然对畜产品的需求呈现多元化趋势，除了保障传统畜禽产品的产能，马、驴、奶山羊等特色畜牧产业也要跟进发展。配套特色畜牧业的发展，对应的培训服务也会发展起来，不同地区的典型特色畜牧业案例研究和经验的总结与交流会将促进行业新发展；畜牧业的发展将探索新模式，畜牧业与旅游和文化休闲产业的结合将会快速推进。畜牧业的发展更注重质量的提高和品牌的建立，树立一批富有影响力的畜牧产品品牌是做好畜牧产品营销的基础。

畜牧业消费升级，需要食品监管同频共振。保障畜牧业生产质量安全

是民之所向，药物饲料添加剂减量进程加快并逐步退出，对促生长和预防动物疾病的药物的管理将更加严格和规范；饲料安全检测的效率会进一步提高，行业管理和安全监管的结合将进一步完善，饲料产品抽样检查、异地检测等机制会更加成熟；饲料中的药物饲料添加剂、病原微生物、未知风险物质等将成为饲料质量监管的重点，检测技术的创新和检测标准的修订会日趋完善。

四、信息化大数据运营，智能化产业链升级

信息化、智能化畜牧业发展通过数据采集、系统管理、云计算、互联网等技术实现畜牧养殖流程化管理，为畜牧业发展提供了智能化发展的技术支持，降低企业信息化运营维护成本，最大限度地发挥信息化的价值。智能畜牧业显著降低畜禽生产成本，节省了土地、饲料等资源，在种养结合模式中很好地实现了畜牧养殖废弃物资源化利用，促进畜牧业生产的增值，智能畜牧业可以实现畜牧业生产过程可控、产量可查和产品可追溯，能够有效解决环境污染和食品安全问题。智能畜牧实现了"人、机、物"一体化互联，为生产全过程的监控、决策和实施服务提供了解决方案。

畜牧业养殖环境的智能监控系统智能传感器将养殖场空气、湿度、温度等环境信息传输到服务终端，预定程序对比标准参数自动控制机器设备，从而有效控制养殖环境。

智能化饲喂系统根据牲畜的不同生长阶段为其提供对应的饲养方案，根据智能系统记录牲畜的采食速度、质量和时间，利用统计数据分析进行精准饲喂调控；对于哺乳牲畜根据其产仔数量和时间进行个性化饲喂。智能化饲喂可以运用"少食多餐"原理进行分顿饲养，达到牲畜的最佳采食状态，实现牲畜采食量效用最大化。智能化系统可动态监控各阶段牲畜的采食质量和采食行为，智能分析牲畜的体况状态变化，并对其健康体况进行警示。

生产管理环节的智能化系统利用智能物联系终端对生产管理数据进行实时采集，通过红外传感器、体温传感器等体征指数传感器实时收集牲畜个体生理状态，并将数据传输到服务器来指导生产，实现了可视化养殖生产。在生产管理环节，依靠软件操作实现自动化机器管理。

区域疫病防控和安全可追溯系统的智能化管理系统给安全生产提供保障。畜禽生产的繁殖率和生产水平因现实复杂的因素而经常发生改变，智能化系统可动态监控生产数据，根据动物疫病信息与生产数据的相比分析，及时对动物疫病状况进行预警，预知畜禽养殖风险及相关应对措施。同时，大力发展二维码和无线射频识别通信技术，利用个体标识实现畜产品质量安全可追溯系统对每批次畜禽产品的质量进行严格监测和把关，保障食品安全。

五、社会化服务纵深推进，资本结合焕发新生

创新畜牧业保险险种。畜牧业发展具有风险高、贷款难、融资贵等问题，畜牧业的金融保险政策必将更加完善；政府与保险公司在更多领域展开合作，按照保源头、保生产、保市场的要求降低养殖风险，继续创新能繁母猪保险、育肥猪保险、生猪价格指数保险、奶牛保险等险种；在保险金额补贴等运行机制上保证灵活性，最大限度地降低畜牧业经营风险。

搭建金融服务平台。搭建畜产品交易平台，推进畜牧业与金融要素市场的融合，搭建和发展农畜产品交易所，灵活采取信用畜牧业、挂牌畜牧业、竞价畜牧业及订单畜牧业等交易模式，为畜牧企业提供多种交易渠道；为畜牧企业和养殖户提供融资、担保、保险、租赁等服务，发挥互助基金、订单质押、联保贷款等在融资服务中的效用；拓展对畜牧企业在养殖、生产、加工、运输、销售等环节的保险服务，盘活厂房、农业机械、生产设备等租赁服务市场。发展畜牧投资公司，加强与股权托管交易中心合作，拓展多融资渠道，为畜牧企业解决融资难、资金周转难等问题。

开发畜产品期货。畜产品期货是畜牧业发展的重点开发领域。相关政府部门在保持充分合作和论证的基础上，积极构建基准价格指数，保障价格指数的准确、连续、相关性高、易接受且难以被操纵；积极借鉴国际期货实践经验，尝试国际期货主流趋势的现金交割方式，降低畜产品期货实物交割的高昂成本；促进畜产品期货市场的发展，开发畜产品期货新品种；加大期货人才培养力度，中国期货从业人才匮乏已经成为畜牧业发展的一大瓶颈，积极利用大连商品交易所期货学院等机构为期货人才提供多种进修途径，为畜牧产业发展储备期货人才，更好规避畜牧业经营风险。

六、畜牧系统全面提升，多渠道储备人才培育

畜牧业产业一体化趋势加强。中国的畜牧业一体化由"公司 + 农户"向"公司 + 合作社 + 农户"方向发展，畜牧业农业产业化龙头企业发展迅速。国家针对良种繁育、品种改良、规模养殖、母畜扩繁、饲草料开发、加工运输等一系列环节提供了优厚的政策支持，不断加大对畜牧业产业链发展和衔接的支持，不断提升畜牧业综合生产能力。继续稳步推进标准化规模养殖，保障肉类和乳制品等畜产品市场供给。畜牧业"产加销"一体化进程加快，一、二、三产业融合发展势头也逐步加快推进，促使"企业 + 农户""企业 + 合作社""企业 + 基地""企业 + 合作社 + 农户"等形式多样的经营模式的形成，促进了互惠双赢、利益共享的产业一体化发展。

现代饲料产业发展迅速。草业关系到畜牧业的饲料供应问题，直接影响着畜产品的质量，因此备受国家重视。牧草先进技术推广服务会更加完善，牧草的繁育、栽培、加工等一系列环节的技术开发和研究将更加规范，建设和推广牧草良种繁育基地和牧草种质资源保护则是发展现代草业的关键环节和基础工作。人工种草的发展与标准化牧草丰产栽培示范基地建设紧密结合，同时引入草业加工企业和专业合作组织，现代草业的发展会呈现欣欣向荣的局面。对草业的重视和产业发展的推进，不仅包括草业加工技术的发展，还包括草业龙头企业和草产品品牌的树立，现代草产业集中度也会大大提高。"粮经饲"三元种植结构将会进一步坚持和推广，人畜分粮会为畜牧业提供更稳定、更优质的饲料供应，进一步助力农业供给侧改革的推进。

畜产品物流系统逐步健全。中国农产品物流系统快速发展，高速公路和高等级公路数量不断快速增加，农村交通网络也有很大程度的发展，联运交通网络的形成和发展促进了畜产品的快速流通，节约了物流成本，并降低了畜牧业经营风险；冷链物流技术发展迅猛，公路冷藏、铁路冷藏运输所占比例逐年提升，保障了畜产品供应市场的效率和跨地区的资源调配。

多渠道大量培养畜牧业专业人才。培育畜牧业专业创新人才；畜牧业创业教育平台蓬勃发展，校企合作进程不断推进，为畜牧相关专业院校提

供创业教育实践基地；改革课程教育体系，根据不同畜禽产业实际情况增强课程的实用性和新颖性；建立导师创业团队，营造创新氛围，建立畜牧业专业创新人才培养保障制度，在组织支持、弹性学制、资金支持等方面全面支持畜牧业专业创新人才发展。畜牧业从业人员培训全面提升；政府对从业人员专业技能等培训上予以政策和资金上支持，积极与新型职业农民培育工作衔接，通过各类调研和专题讨论提升培训实效，根据从业人员学历、区域、畜牧品种、提供针对性的个性化培训内容；组织培训进到企业、合作社和畜禽场，促进培训技术落到生产实处；发挥培训单位的积极性，完善培训规划、组织和工作考核，将能力培养放在首位。

/第八章/

农业机械化的发展

改革开放之后，尤其是进入 21 世纪以来，中国农业机械化进程加速发展。农业机械化是目前中国农业产业内部发展较快的领域，也是推动中国农业经济高速发展，实现粮食"12 连增"的主要动力之一。对改革开放以来中国农业机械化的发展历史、特殊模式和前景进行系统梳理，有助于为中国农业机械化发展及其支持政策的调整完善提供现实参考价值。

第一节　改革开放以来农业机械化发展情况

纵观中国农业机械化的发展历史不难发现，中国农业机械化发展道路并非一帆风顺。早在 20 世纪 50 年代，毛主席就提出"农业的根本出路在于机械化"的思想理念，并据此提出"20 世纪 80 年代基本上实现农业机械化"的任务目标。然而，受限于农业经济低效益与农机工业内部比例失调等客观现实，1978 年之前的中国农业机械化发展基本处于停滞状态（梅成建，1998；张月群，王思明，2011）。改革开放成为中国农业机械化发展的关键节点，此后中国才步入农业机械化正式发展阶段。

一、农业机械化发展历史及特点描述：基于宏观统计数据

（一）农业机械动力呈逐年上升趋势，2016 年开始稳定回落

自改革开放以来，无论是从农用机械总动力角度，还是从每公顷耕地

平均农用机械总动力角度来看，中国农业机械动力水平整体呈现出逐年增长的趋势，2016 年稍有降低。如图 8－1 所示，1978 年中国农用机械总动力为 11749.9 万千瓦，2015 年该指标上升至 111728.07 万千瓦，2016 年开始回落，2017 年该指标为 98783.35 万千瓦，年均增长速度达为 5.61%；1978 年中国平均每公顷耕地的农机总动力为 0.08 万瓦，2015 年该指标上升至 0.67 万瓦，2017 年回落至 0.59 万瓦，年均增长速度达到 5.63%。2016 年，中国农业机械动力水平开始稳定回落的原因可能是近几年农业机械社会化服务快速发展，大大提升了农机的使用效率和共享程度，在提高农业机械化水平的同时一定程度上节约了机械总量。由此可见，从机械动力角度来看，改革开放 40 年中国农业机械化水平基本呈现逐年上升的趋势。

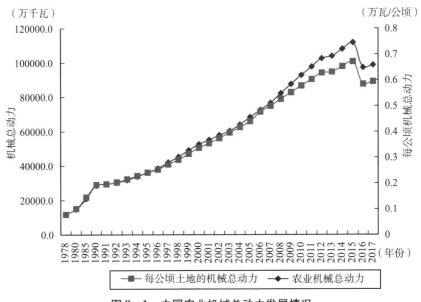

图 8－1　中国农业机械总动力发展情况

资料来源：历年《中国农业机械工业年鉴》。

（二）耕种收综合机械化水平逐年提高，进入 21 世纪后增长速度加快

农作物（尤其是粮食作物）的机耕、机播和机收水平是一个国家（地区）农业机械化水平的主要表现和统计指标，本书也将使用全国种植业耕种收机械化水平等一系列指标来说明中国农业机械化的发展情况。如

图 8-2 所示，改革开放以来，无论是农业机耕水平、机播水平、机收水平还是耕种收综合机械化水平，都呈现出稳步发展的趋势。1978 年，中国农业耕种收综合机械化水平为 19.66%，其中机耕水平为 40.9%、机播水平为 8.9%、机收水平为 2.1%；经过近 40 年的发展，2016 年中国农业耕种收综合机械化水平上升至 66%，年均增长速度为 3.24%，2014 年农业机耕水平上升至 77.48%、机播水平上升至 50.75%、机收水平上升至 51.29%，年均增长速度分别为 1.79%、4.95%、9.28%。

另外，由图 8-2 也可发现，进入 21 世纪以后，农业耕种收机械化水平发展速度加快。其中，必须说明的是：2000 年机耕水平和耕种收综合机械化水平出现了大幅下滑的现象，是因为当年颁布的"《农业机械化管理统计报表制度》修订说明"对"机耕面积"的定义和"机耕水平"的计算方法进行了修改。为了更加准确地统计中国农业机械化发展变化情况，本书编者认为应该以 2000 年为分界点，分别统计 1978—1999 年和 2000 年及以后的农业机械化发展情况。通过分阶段统计发现：2000 年以前，中国农业机耕水平、机播水平、机收水平和耕种收综合机械化水平的年均增长速度分别 2.23%、5.16%、10.25% 和 3.26%；进入 21 世纪以后，这四个机械化指标的增长速度则分别为 3.52%、4.97%、7.66% 和 4.57%。对比发现，进入 21 世纪以后，农业耕种收综合机械化水平的增长速度有一定程度的提升。

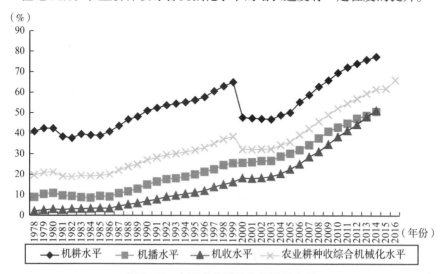

图 8-2 中国农业耕种收机械化水平

资料来源：历年《中国农业机械工业年鉴》《中国统计年鉴》。

（三）农业机械数量逐年增多，21 世纪前后的主导机械型号有较大差异

由国际经验可知，不同国家的农业机械化将随着本国资源禀赋差异而表现出不同的实现方式。人均土地资源较少的国家（如日本）的农业机械化一般是通过小型机械来实现的；相反，人均土地资源较多的国家（如美国）的农业机械化则是通过大型机械来实现。中国的农业机械化发展，究竟是通过大型机械还是小型机械来带动，可进一步观察中国不同型号农业机械的发展情况来说明。如图 8－3 所示，以拖拉机为例，改革开放至今中国农用拖拉机数量基本呈逐年增长的趋势，但大型拖拉机与小型拖拉机的增长轨迹有较大差异。1978 年全国投入农业生产的小型拖拉机有1373000 台，2000 年增长至 12643696 台，数值翻了近 10 倍；2016 年全国投入农业生产的小型拖拉机增长至 16716149 台，仅比 2000 年多出约 30%。相较之下，1978 年全国投入农业生产的大型拖拉机有 557358 台，2000 年仅增长至 974547 台，涨幅不到 100%；到了 2016 年，大型拖拉机数量达到6453546 台，数量为 2000 年的 6 倍。由此可见，改革开放之后中国农用机械

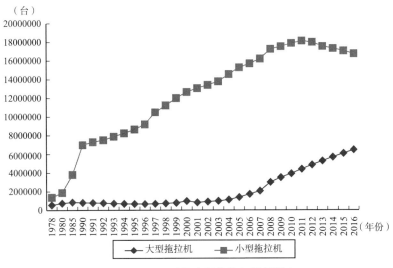

图 8－3　不同型号农用拖拉机发展情况

资料来源：历年《中国农业机械工业年鉴》《中国统计年鉴》。

数量呈现逐年增长趋势，并表现出阶段性特征：21 世纪以前，以小型农业机械增长为主；进入 21 世纪以后，则以大型农业机械增长为主。

（四）2004 年起实施农机购置补贴，补贴额度和范围逐年增大，大批农户受益

2004 年，全国人民代表大会常务委员会颁布了《中华人民共和国农业机械化促进法》，由此也开启了对农业机械发展的政策支持历程，与此同时，2004 年的中央"一号文件"还将农业机械购置补贴纳入国家"支农强农惠农"政策体系中，使得农机购置补贴成为国家支持农业机械发展的重要举措。

如图 8－4 所示，自 2004 年以来，中央政府在农业机械购置补贴方面的资金投入呈逐年增长的趋势。2004 年中央财政在农业机械购置补贴方面的资金投入额为 7812.35 万元；经过 13 年的发展，2015 年中央政府在农机购置补贴方面的资金额高达 237.55 亿元；2016 年和 2017 年进一步提高了补贴的精准度，补贴金额调整至 228 亿元和 186 亿元。随着农机购置补贴政策的不断推行，每年都有大批农户受益。相关统计资料表明：实施农机购置补贴的首年就有 10 万农户受益；随着补贴额度的增大，2011 年约有 546 万套农机具获得补贴，受益农户增加至 439 万户；2012 年开始对补贴政策进行调整，补贴农机具和受益人数因此有所下降，但每年仍有约 300 万套农机具获得补贴，约 200 万农户因此受益（见表 8－1）。

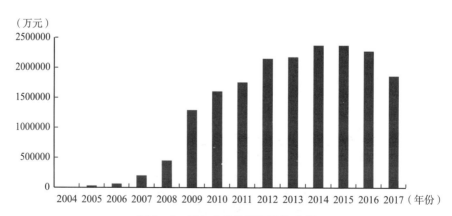

图 8－4　历年农机购置补贴资金额

资料来源：历年《中国农业机械工业年鉴》《中国统计年鉴》。

表 8 - 1　　　　　　　　　　历年农机购置补贴受益情况

类型	2009 年	2010 年	2011 年	2012 年	2013 年	2014 年	2015 年	2016 年	2017 年
受益人数（万户）	300	400	439	—	382	323.9	285.3	246	159
补贴农机具（万套）	343	525	564	—	594	458.2	356.7	283	187

资料来源：历年《中国农业机械工业年鉴》《中国农业年鉴》。

二、农业机械化发展现状调研：基于冀豫鲁三省的实地调查

为了更加准确地把握中国农业机械化（尤其是粮食作物机械化）生产情况，本研究团队于 2014 年 6 月至 8 月以"一对一"问卷访谈的方式深入到河南、河北、山东三省的农村进行入户调查。本次调研总共走访了十个县（市）850 个农户家庭，完成有效问卷 779 份，问卷有效率达到 91.65%。

（一）小麦耕种收三环节均有较高的机械采纳率、玉米机械化水平有待进一步提高

本次实地调研的有效问卷为 779 份，这 779 个受访对象中，2013 年进行小麦种植的农户为 712 人，2013 年进行玉米种植的农户为 614 人。如表 8 - 2 所示，2013 年 712 个小麦种植户中：采用机械耕地的有 699 户，小麦机耕比例高达 98.17%；采用机械播种的有 698 户，小麦机播比例也高达 98.03%；而采用机械收割的有 697 户，小麦机收的比例为 97.89%。由此可见，调研地区小麦种植的机械化程度非常高，耕、种、收三个环节基本都已经实现机械化作业。

另外，华北平原地区多为两季作物（小麦和玉米）轮流耕种，一般只在种植小麦前进行耕地，种植玉米则直接播种，不再耕地，因而本章在统计玉米机械化生产时，仅统计播种环节和收割环节的机械化情况。由表 8 - 2 可知，2013 年 614 个玉米种植户中：采用机械播种的有 455 户，玉米机播比例也为 74.10%；而采用机械收割仅有 203 户，玉米机收的比例为 33.06%。由此可见，调研地区玉米种植的机械化程度仍需进一步提高，其中机播水平较高，已经超过 70%，而机收程度则处于较

低水平，不足35%。

表8-2　　　　2013年冀、豫、鲁三省小麦、玉米机械化生产情况

类型	种植户（户）	机械耕地		机械播种		机械收割	
		户数（户）	比例（%）	户数（户）	比例（%）	户数（户）	比例（%）
小麦	712	699	98.17	698	98.03	697	97.89
玉米	614	—	—	455	74.10	203	33.06

资料来源：实地调研。

（二）机械化水平

通过实地调研，除了可以掌握调研地的机械技术采纳率，还可以深入了解每一个农户在多大程度上使用机械技术，了解农户是在每一块耕地上都是采用机械生产，还是仅在部分地块上进行机械化生产。通过这种深入的调查，有助于更准确地定位并分析农户的机械技术采纳行为，进而厘清中国农业机械化发展现状。通过调研发现，小麦种植户不仅具有较高的机械技术采纳率，而且大部分农户都是在所有的地块上使用机械技术。如图8-5至图8-7所示，无论是耕地，还是播种，抑或是收割环节，2013年调研地区小麦种植机械化程度都比较高，都有超过97%的农户是在所有小麦地块上使用机械生产。具体而言：小麦耕种、播种和收割环节完全采纳机械比例约为97%，部分采纳机械比例约为1%，完全没有采纳机械的比例约为2%。

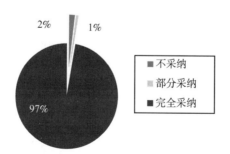

图8-5　2013年冀、豫、鲁三省小麦耕地机械化水平

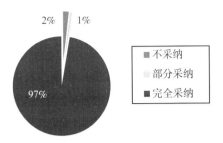

图 8 - 6　2013 年冀、豫、鲁三省小麦播种机械化水平

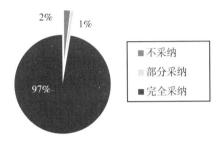

图 8 - 7　2013 年冀、豫、鲁三省小麦收割机械化水平

　　另外，2013 年冀、豫、鲁三省玉米种植的机械化水平则远远低于小麦种植的机械化水平，相较之下，还有大批玉米种植户没能通过农业机械来完成生产或者仅在部分地块上使用农业机械。如图 8 - 8 和图 8 - 9 所示，播种环节的机械化水平相对较好，已有超过 70% 的农户在自己的玉米地块上完全采纳农业机械；而收割环节的机械化水平则较为低下，不足 30% 的玉米种植户在自家地块上完全采纳农业机械。具体而言，玉米播种环节完全采纳机械比例为 71%，部分采纳机械比例大约 3%，完全没有采纳机械的比例约为 26%；玉米收割环节完全采纳机械比例仅有 28%，部分采纳机械比例约为 5%，完全没有采纳机械的比例接近 67%。

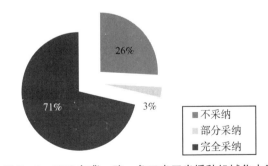

图 8 - 8　2013 年冀、豫、鲁三省玉米播种机械化水平

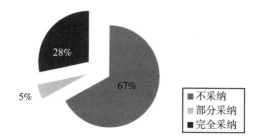

图8－9　2013年冀、豫、鲁三省玉米收割机械化水平

第二节　农业机械的社会化服务模式

农业机械社会化服务是中国农业机械化发展道路上的一个创新和关键，由于中国人均耕地面积较小、农民收入低下，小规模作业的农民负担不起大机械的购置成本，因此通过自有机械来推动农业机械化发展是难以实现的。而农业机械社会化服务则是通过社会分工的方式，解决了上述难题，这也正是农业机械社会化服务发展的条件与背景。对此，杨印生和郭鸿鹏（2004）在研究农机委托作业（农业机械社会化服务）的制度模式创新及发展对策的过程中，也提出农机委托作业是我国农机经营体制的重大创新，是实现农业生产资源优化配置的过程，是农业生产社会化、专业化的产物，是农业生产力发展的内在要求。

一、农业机械社会化服务发展概况：基于宏观统计数据

（一）从事农业机械社会化服务的机构和人员数呈逐年增多趋势

由表8－3可知，2004年全国共有农机化作业服务机构数3223.919万个，合计农机化作业服务人员3848.159万人。经过十二年的发展，2016年全国农机化作业服务机构数增加至4248.481万个，年均增速为2.33%；

农机化作业服务人数增加至 5497.361 万人，年均增速为 3.02%。可见，从事农机化作业服务的人员数及相应的组织机构数逐年增多。

表 8 - 3　　　　　　　历年农机化作业服务的机构数和人数

年份	农机化作业服务机构数（万个）	农机化作业服务人数（万人）
2004	3223.919	3848.159
2005	3386.322	4075.173
2006	3502.107	4138.531
2007	3654.566	4359.613
2008	3849.608	4648.622
2009	3957.87	4805.053
2010	4076.047	5030.003
2011	4128.141	5207.887
2012	4209.047	5353.827
2013	4255.524	5423.904
2014	4308.581	5521.639
2015	4355.173	5571.514
2016	4248.481	5497.361

资料来源：历年《中国农业机械工业年鉴》《中国农业年鉴》。

（二）农业机械社会化服务的组织化程度逐年提升，但比例仍然偏低

如图 8 - 10 所示，2008 年农机化作业服务组织的人员数为 72.6 万人，占全部服务供给者人数的 1.56%；经过 8 年的发展，2016 年农机化作业服务组织人员数上升至 208.1 万人，占全部服务供给者人数的 3.79%。可见，从变化趋势来看，农业机械社会化服务人员的组织化程度逐年提升；但从具体数值来看，组织化程度仍然偏低。

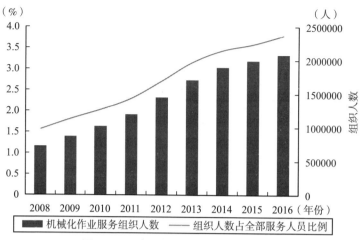

图8-10 农机化作业服务组织化情况

资料来源：历年《中国农业机械工业年鉴》《中国农业年鉴》。

（三）农业机械社会化服务规模不断扩大，服务模式不断创新

相关统计资料表明①，从服务规模来看，2013年全国共完成农机社会化服务面积约40亿亩，占农机化作业总面积的2/3。农机社会化服务规模不断扩大，服务领域不断拓展，推动了我国农业生产方式由人力、畜力为主向机械化为主的历史性转变。从服务模式来看，以农机合作社为代表的新型农机经营主体不断涌现，跨区作业、代耕代种、土地托管、订单作业、"互联网+"农机作业等服务模式不断创新。2016年，全国农机化作业服务组织达到18.7万个，比2012年增加2万个，其中农机专业合作社达6.3万多个；全国农机经营总收入达到5388亿元，比2012年增长了12.7%；农机专业化、社会化体系更加完善，效率不断提升，成为繁荣农村经济、推动农民增收的重要力量②。

二、农业机械社会化服务现状调研：基于冀、豫、鲁三省的实地调查

本书将进一步以河北、河南、山东三省为例，对农户的农业机械社会

① 《2016—2022年中国农业机械市场分析预测及发展趋势研究报告》。
② 农业部农业机械化管理司相关资料，http://jiuban.moa.gov.cn/sjzz/njhs/dongtai/201711/t20171102_5858109.htm。

化服务采纳情况进行说明。

（一）社会化服务是农户实现农业机械化作业的主要方式

为了解华北平原地区小麦、玉米的机械化实现方式，本书编者就农民耕种收的机械使用方式进行了深入调研。调研过程中，专门设置了相关问题询问农民的机械化实施方式：究竟是通过自有或者亲朋好友的机械来完成机械化生产，还是通过购买农业机械社会化服务来实现机械化生产。

调查发现，不管是小麦机械化生产还是玉米机械化生产，2013 年华北平原地区的大部分农户的机械化生产都是通过购买农业机械社会化服务来实现的。由表 8 - 4 可知，在小麦机械化生产方面：699 户实现机耕的农户中，通过自有或者亲朋的机械来完成耕地的农户有 112 户（16.02%），通过农业机械社会化服务来完成耕地的则有 587 户农户（83.98%）；698 户实现机播的农户中，通过自有或者亲朋的机械来完成播种的农户有 129 户（18.48%），通过农业机械社会化服务来完成播种的则有 569 户农户（81.52%）；697 户实现机收的农户中，通过自有或者亲朋的机械来完成收割的农户有 26 户（3.73%），通过农业机械社会化服务来完成收割的则有 671 户农户（96.27%）。相较之下，已经实现或者部分实现机械化生产的玉米种植户中，通过购买农业机械社会化服务来实现机械化生产的比例更高。在玉米机械化生产方面，455 户实现机播的农户中，通过自有或者亲朋的机械来完成播种的农户仅有 28 户（6.15%），通过农业机械社会化服务来完成播种的高达 93.85%，427 户农户（93.85%）；203 个实现机收的农户中，通过自有或者亲朋的机械来完成收割的农户也仅有 13 户（6.40%），通过农业机械社会化服务来完成收割的农户则高达 190 户（93.60%）。

表 8 - 4　　　2013 年冀、豫、鲁三省小麦、玉米机械化实现方式

类型	机械化户数（户）	购买农业机械社会化服务		使用自有或者亲朋的机械	
		户数（户）	比例（%）	户数（户）	比例（%）
小麦机耕	699	587	83.98	112	16.02
小麦机播	698	569	81.52	129	18.48

续表

类型	机械化户数（户）	购买农业机械社会化服务		使用自有或者亲朋的机械	
		户数（户）	比例（%）	户数（户）	比例（%）
小麦机收	697	671	96.27	26	3.73
玉米机播	455	427	93.85	28	6.15
玉米机收	203	190	93.60	13	6.40

（二）农业机械社会化服务的主要提供者：本地的个体农机户

研究团队通过预调研发现，目前提供农业机械社会化服务的组织（个人）类型较多，包括专门从事农机服务的个体农机户、农机服务公司、政府（村集体）的农机服务队、农机行业协会、农机合作组织等。并且，农业机械社会化服务提供者的来源地也具有多样性：可能是本村村民，也可能是邻近村的村民、邻近镇的农民，甚至可能是外省的农民。为进一步了解调研地区农业机械社会化服务提供者的类型与来源地分布情况，本章研究在调研过程中也设置了相应的问题。

（1）主要供给者类型。通过调研发现（见表 8-5），2013 年冀、豫、鲁三省的小麦、玉米种植户所选择的农机作业服务组织（个人）类型较多，最主要的类型是"专门从事农机服务的个体农机户"，其次是"农机合作组织"，其他类型虽然也有，但比例较小。具体而言，受访对象中，有 714 名农户对此问题作出详细回答。其中：由专门从事农机服务的个体农机户提供服务的农民占比高达 89.64%（640 户）；由农机服务公司提供服务的农民占比为 0.42%（3 户）；由政府（村集体）的农机服务队提供服务的农民占比为 0.56%（4 户）；由农机行业协会提供服务的农民占比为 0.98%（7 户）；由农机合作组织提供服务的农民占比为 8.96%（64户）；由其他组织或个体提供服务的农民占比 0.28%（2 户）。

表 8-5　2013 年冀、豫、鲁三省小麦、玉米农机作业服务提供者类型

农机作业服务提供者类型	农户数（户）	比例（%）
专门从事农机服务的个体农机户	640	89.64
农机服务公司	3	0.42

农机作业服务提供者类型	农户数（户）	比例（%）
政府（村集体）的农机服务队	4	0.56
农机行业协会	7	0.98
农机合作组织	64	8.96
其他方式	2	0.28

（2）主要供给者来源地。跨区收割，尤其是跨省份的农业机械社会化服务，是21世纪前后中国农业机械化发展的一大特色。然而，随着时间的推移，这种农业机械社会化服务的方式是否依然是主流，抑或已经不复存在？这则需要深入调查与分析。华北平原地区正是跨区收割的发源地和主要区域，研究团队为了明确目前冀、豫、鲁三省的小麦、玉米农机作业服务提供者跨区作业情况，在问卷中也设置了相关问题。通过调研发现，目前华北平原小麦、玉米的农业机械社会化服务提供者大部分来自本村村民和本镇村民，大范围（跨省）的跨区收割现象已经越来越少。由表8-6可知，714户对此问题作出明确回答的农户中：表示为他们提供服务的组织（个人）来自本村的有493户，占比69.05%；表示为他们提供服务的组织（个人）来自本镇非本村的有113户，占比15.83%；表示为他们提供服务的组织（个人）来自本县非本镇的有55户，占比7.70%；表示为他们提供服务的组织（个人）来自本省非本县的有83户，占比11.62%；表示为他们提供服务的组织（个人）来自外省的有72户，占比10.08%。

表8-6　2013年冀、豫、鲁三省小麦、玉米机械服务提供者来源地

农机服务提供者来源地	农户数（户）	比例（%）
本村	493	69.05
本镇非本村	113	15.83
本县非本镇	55	7.70
本省非本县	83	11.62
外省	72	10.08

（三）农业机械社会化服务的主要工具：大马力机械

由调研与分析可知，目前冀、豫、鲁三省的小麦、玉米机械化生产基本都是通过农业机械社会化服务来实现，并且大部分农民是由本村或者邻近村的个体农机户为其提供农业机械社会化服务。因而提供农业机械社会化服务的农机组织（个体）的机械马力大小，就决定了调研地区农业机械化的主导机械型号。对此，研究团队在冀、豫、鲁三省总共走访了50个农机手，最终形成有效问卷45份。调查发现，华北平原地区农机手正在使用的机械以大型机械（马力在60～90匹）和超大型机械（马力在90匹以上）为主，即目前调研地区是以大型机械为主导的大马力机械化发展模式。

由表8－7可知，45个受访农机手正在使用的农业机械合计68台。其中：马力在20匹以下的小型机械5台，占比7.35%；马力在20～60匹的中型机械10台，占比14.71%；马力在60～90匹的大型机械27台，占比39.71%；马力在90匹以上的超大型机械26台，占比38.24%。可见，中小型机械占比仅20%左右，而大型和超大型机械合计占比接近80%。

表8－7　　　　　　　　　农机手使用机械的功率范围

农机马力范围	农机数（台）	比例（%）
20马力以下（含20马力）	5	7.35
20～60马力（含60马力）	10	14.71
60～90马力（含90马力）	27	39.71
90马力以上	26	38.24
合计	68	100.00

三、农业机械社会化服务模式快速发展的原因分析

综上分析可知：改革开放以后，尤其是进入21世纪以来，在农业机械社会化服务的推动下，中国农业机械化步入快速发展阶段，农业机械社会化服务已经成为中国农业机械化发展的一种主要模式。究其原因，一是劳动力与机械相对价格上升诱发机械技术需求；二是"地貌类型与经营规

模不相匹配"促使农户以服务外包的形式实现机械化生产。

（一）劳动力与机械相对价格上升诱发机械技术需求

农业机械社会化服务是农业机械技术的一种实现方式，服务外包需求产生的前提条件是农户有使用机械技术替代人工作业的需求。由诱致性技术变迁理论可知：随着劳动力与机械的相对价格不断上升，农业生产者对机械技术的需求也将不断提升。由近十年中国农业劳动力市场基本情况可知：农村劳动力大量外流，促使农业有效劳动力相对稀缺程度越来越高，农村的人工成本也因此而呈现逐年上升的趋势。另外，2004年实施农业机械购置补贴政策以来，补贴力度和补贴范围逐年扩大，越来越多的农业生产者享受到补贴福利，一定程度上降低了农机购置成本。这两者的共同作用将导致农业劳动力与机械的相对价格不断上升，进而诱使越来越多的农业生产者选择使用机械替代劳动力，农业机械技术需求随之加大。

（二）"地貌类型与经营规模不相匹配"促使农户以服务外包的形式实现机械化生产

由传统农业生产理论可知，农机与土地要素之间存在一定的匹配或者互补关系，这种关系决定了土地资源条件是影响机械化实现方式的主导因素。从理论上来讲，土地资源条件包括多个维度的属性，其中影响机械化实现方式的属性主要有两个：地貌类型和经营规模。地貌类型，决定了一个地区以什么型号（马力）的农机来实现农业机械化最具效率。具体而言：在平原地区，地形平坦且地块规模较大，可通过大马力机械来获取规模经济；在丘陵地区，地形稍有起伏且规模中等，大马力机械使用不方便，中小马力机械将更有效率；在山区，地形高低起伏，地块规模较小，大马力、中等马力的机械都不合适，只有小马力机械才能有效作业。可见，地貌类型决定一个地区最具效率的农业机械型号（马力）。除此之外，还需考虑土地资源条件的经营规模属性，因为有的地区可能出现经营规模与地貌类型不匹配的情况：从地貌类型来看，属于大规模的平原地区，适合发展大马力的农业机械；但是从生产经营角度来看，该地区的经营方式却是农户小规模作业，不利于大型机械的推广。即从地区发展角度而言，大马力农机更具效率，但是从农户个体角度而言，他们并不具备购买大马力机械的经济条件与作业条件。此时，如果农民"一家一户"都购买小马力机械，则会增加生产成本和降低整个地区的农业生产效率。所以，当经营规模与地貌类型不匹配时，经营规模就是限制一个地区农业机械技术能否实现以及如何实现的另一个关键因素。上述这种两难处境，正是推动社会分工，产生新的市场——农业机械社会化服务市场的经济原因。中国大部分农业生产地区的土地资源条件都属于典型的"地貌类型与经营规模不相匹配"的情况——农户在平原地区上进行小规模作业，所以中国大部分农户都有强烈需求以服务外包的形式来实现大马力机械化生产，由此而推动农业机械社会化服务快速发展（蔡键，唐忠，2016；蔡键，唐忠，朱勇，2017）。

第三节　农业机械化的前景

农业机械社会化服务市场的出现与快速发展是 21 世纪中国农业机械化进程加快的主要动力。这样一个由于社会分工而产生的新市场，对其进行现状描绘与原因分析仅仅是研究的第一步。更加值得我们关注的是该市场会有怎样的发展趋势，是否能在未来一段时间内主导中国的农业机械化发展？这也将进一步决定中国农业机械化的前景。

由前文分析可知，农业机械技术需求是农业机械社会化服务市场出现的前提条件，而劳动力与机械相对价格变化，则是农业机械技术需求的诱因，因而判断该市场的发展趋势，首先要分析劳动力与机械相对价格的发展趋势。在此基础上，农业机械社会化服务市场的出现，则是地貌类型和经营规模共同作用的结果，其中，地貌类型属于自然条件，一般不会有大的变化，因而经营规模的变化是农业机械社会化服务市场发展趋势的第二个判断依据。

一、劳动力与机械相对价格发展趋势：迅速增大

（一）劳动力成本上升趋势明显

最近 20 年，中国劳动力（尤其是农业劳动力）成本迅速上涨。如图 8 - 11 所示，以城镇职工平均工资指数作为劳动力成本的衡量指标，并将

2000 年的工资指数设定为 1，那么经过 17 年的发展，2017 年该指标上升至 7.969，年均增长率达到了 12.99%。由这种发展趋势可初步判断，城镇工资还将进一步增长，劳动力成本上升趋势明显。

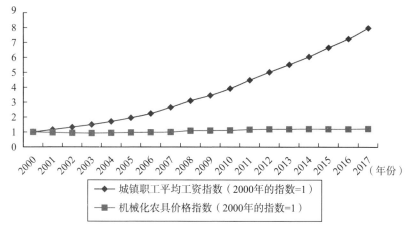

图 8 - 11　历年工资和农机具价格指数

资料来源：历年《中国统计年鉴》《中国统计摘要》。

（二）农机购置补贴政策效果明显，农机购置成本相对稳定

根据《农业机械购置补贴专项资金使用管理暂行办法》规定，农业机械购置补贴的政策目标是"鼓励和支持农民使用先进适用的农业机械，加快推进农业机械化进程，提高农业综合生产能力，促进农业增产增效、农民节本增收"。其中，鼓励农民采纳使用机械和加快农业机械化进程是直接目的，而提高农业综合生产能力，促进农业增产增效、农民节本增收则是机械化进程加快后所产生连带效应。那么，该政策是否有效，其政策效果如何，关键在于是否能够有效加快农业机械化进程。从这个角度来看，农机购置补贴政策效果明显。

一方面，农机购置补贴政策大大提高了农业机械的投入量。通过宏观数据分析发现，农机购置补贴大大提升了农业机械的投入量。如图 8 - 12 所示，1978 年全国拖拉机数量为 193.04 万台、联合收割机数量为 1.9 万台，经过 25 年的发展，2003 年拖拉机数量也仅增加至 1494.06 万台、联合收割机数量增加至 36.22 万台。进入 2004 年以后，随着农机购置补贴政策的执行以及补贴力度的逐年加大，2016 年全国拖拉机数量已经上升至

2316.97 台，联合收割机数量则是上升至 190.2 万台。可见，农机购置补贴政策进一步提升了拖拉机、联合收割机等机械投入的增长速度。

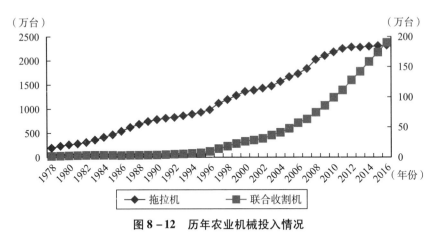

图 8 - 12　历年农业机械投入情况

资料来源：历年《中国农业机械工业年鉴》。

另一方面，农机购置补贴政策进一步推进了农业机械化进程。通过宏观数据分析发现，在农机补贴政策的带动下，中国粮食作物的机械耕地面积、机械播种面积和机械收获面积都以较快的速度增长。如图 8 - 13 所示，2004 年以前，中国农业机械耕地面积和机械播种面积的增长速度相对较慢，1996 年全国机械耕地面积和机械播种面积分别为 55184.48 千公顷和 32588.1 千公顷，经过七年的发展，2003 年这两项指标依次为 60943.64 千公顷和 40714.41 千公顷，增长速度分别为 1.43% 和 3.23%。进入 2004 年以后，在农机购置补贴政策的推动下：机耕面积以每年 5.51% 的速度增长，2016 年全国机耕面积达到 121017.65 千公顷；机播面积则是以每年 5.88% 的速度增长，2016 年全国机播面积达到 87917.83 千公顷。机械收割方面，也出现类似的情况。如图 8 - 14 所示，2004 年以前，小麦、水稻、玉米的机收面积增长速度较慢，甚至出现机收面积下降的情况（小麦）；进入 2004 年以后，三大粮食作物机收面积都进入快速增长时期，小麦机收面积由 2003 年的 16012 千公顷增长至 2016 年的 22671.55 千公顷；水稻机收面积由 6202.03 千公顷上升至 26289.59 千公顷；玉米机收面积则是由 454.31 千公顷上升至 24516.74 千公顷。

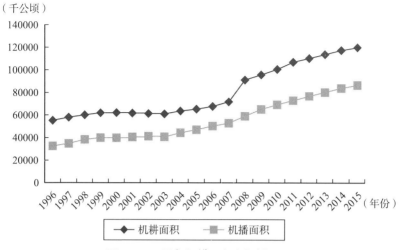

（千公顷）

图 8 - 13　历年机耕面积和机播面积

资料来源：历年《中国农业机械工业年鉴》。

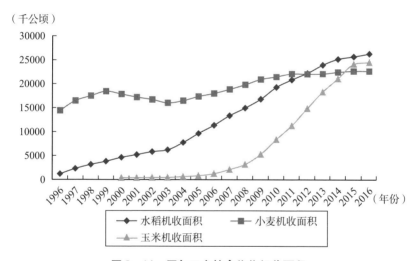

（千公顷）

图 8 - 14　历年三大粮食作物机收面积

资料来源：历年《中国农业机械工业年鉴》。

　　由此可见，农机购置补贴政策的效果较为明显，在未来一段时间内还会继续推行，因而短期内取消农机购置补贴政策的可能性不大，农机购置成本相对稳定。另外，由图 8 - 11 可知，将 2000 年机械化农具价格指数设定为 1，2017 年该指数仅上涨至 1.22，16 年仅上涨了 22%，农机具价格相对稳定。由此可推断，未来一段时间内，农业机械价格也不可能出现大的波动，农机购置成本相对稳定。

综上所述，劳动力成本的上涨趋势较为明显，农机购置成本则相对较为稳定，并且农机购置补贴政策在短期内取消的可能性也较小。那么，按照这种趋势发展，劳动力与机械相对成本进一步扩大的可能性较大。由前文分析可知，劳动力与机械相对成本的不断扩大，将继续诱发农业生产者用机械替代劳动力的强烈需求。

二、经营规模发展趋势：缓慢增大

从理论上来讲，经营规模是限制"一家一户"购买农业机械的主要因素，也正是经营规模与地貌类型的不相匹配，才促使社会分工形成农业机械社会化服务市场。因而，经营规模的发展情况，将成为农业机械社会化服务市场发展趋势的第二个判断依据。由中国农村土地现状及流转政策来看，农业经营规模存在逐步扩大的趋势。

通过实地调研发现，从承包地情况来看，2013 年冀、豫、鲁三省农户平均耕地总面积为 6.86 亩，地块平均面积为 2.11 亩。而从实际经营土地情况来看，2013 年户均耕地面积为 8.17 亩，即土地流转后，农民户均经营的土地面积增加了 1.31 亩；2013 年农民经营的地块平均面积为 2.46 亩，即土地流转后，农民经营的平均地块规模增加了 0.35 亩（见表 8－8）。由此可见，自 2005 年国务院颁布《农村土地承包经营权流转管理办法》以来，冀豫鲁三省的户均耕地面积和平均地块规模有了一定程度的扩大，尽管整体效果并不十分明显，但随着土地流转政策的进一步推行，农地经营规模存在逐步扩大的趋势。但是这个变化过程可能会相对缓慢，因为土地流转还涉及农民的土地财产与就业去向等一系列问题，难以在短期内全面开展。

表 8－8　　　　　2013 年冀、豫、鲁三省农民平均经营地块数和土地面积

类型	户均耕地面积（亩）	户均地块数（块）	地块平均面积（亩）
承包地情况	6.86	3.26	2.11
实际经营情况	8.17	3.32	2.46

三、农业机械社会化服务市场发展趋势及农业机械化前景判断

结合前文的理论分析及劳动力与机械相对价格和农业经营规模的变化趋势预测可知，未来一段时间内，中国的农业生产者仍然有较强的农业机械技术需求，而随着土地流转政策的不断推进，农地经营规模存在逐步扩大的趋势，但扩张速度相对较慢。因而在未来一段时间内，经营规模仍然是限制农业生产者"一家一户"购买大型机械的因素，农业机械社会化服务市场仍将持续存在较长一段时间。

当然，随着农地流转的不断推进，可能又会出现一种新的农业机械社会化服务方式，那就是部分土地流转至农机手，由农机手直接经营大规模的土地，使用自有机械为自己提供服务。这是因为，目前的农机手，其实都是拥有农业机械的农民，他们本身也是农业经营者。当农机手自有承包地附近的土地被出租时，他们有更强的意愿去租用这些土地，因为这样可以通过内部化的方式，保证有足够的农机作业量，提高农机使用效率。由此可见，随着农地流转的推进，部分农机手也会选择通过租用土地的方式，扩大自身经营规模，从而保证农业机械的作业量和使用效率。

据此，本书编者判断：农业机械社会化服务市场仍将在中国持续存在较长一段时间，短期内服务外包仍然是中国农业机械化的主导方式。而在这段时间内，该市场将出现两种作业服务模式。

（1）传统的农业机械社会化服务模式，即目前我们所看到的模式：农机手为其他农业生产者提供有偿的作业服务。

（2）新型的农业机械社会化服务模式：农机手通过土地流转市场转入土地以扩大自身的经营规模，并将自有的农业机械应用到租入的土地中。从某种程度上来说，这是一种自我服务的模式。

/第九章/

农产品市场体系与流通体制的演变

改革开放40年来，中国农产品市场与流通体制发生了深刻变化，其中粮食作为最重要的农产品之一，其流通体制经历了从改革以前的统购统销到改革初期的超购加价与合同收购，再到购销"双轨制"及"保护价敞开收购"，最终演变为"粮食直补改革"和"最低价收购"，可以看出粮食流通体制变迁的过程就是中国粮食流通体制市场化改革的过程。中国农产品市场体系也经历了从改革初期农产品集市贸易的恢复和发展，到"菜篮子"工程建设与农产品批发市场的初步发展，再到以批发市场为核心的农产品市场体系的形成，最终到农产品流通新型业态和流通方式的兴起与发展。40年来中国农产品市场与流通体系改革的成就巨大、问题突出，梳理40年来粮食流通体制和中国农产品市场体系的变迁，总结改革经验与问题，并展望未来发展的方向就显得尤为重要。

第一节 改革开放以前的农产品流通体制

一、农产品统购统销流通体制的建立

在中华人民共和国成立初期，由于经济体制还没有进行社会主义改造，尚处在私人所有的新民主主义阶段，国家对流通组织和金融的控制机制正在建立之中，所以实施了一段自由购销的农产品流通体制。但是，随

着我国社会主义计划经济体制的建立，为了解决当时粮食价格暴涨反复出现，以及城市人口快速增长带来的粮食供应紧张等问题，出于国家开始实施工业化发展战略的需要，从 20 世纪 50 年代开始，我国开始建立农产品的统购统销流通体制。

二、农产品统购统销流通体制的运行

在统购统销流通体制下，所有的农产品被划分为三类，严格按照计划进行管理。第一类是征购农产品，包括粮、棉、油、糖，全部由国家规定的组织统一按照计划进行购销流通，不允许进行自由市场流通；第二类是派购农产品，包括麻、畜、水、茧、茶、烟、果、药等，首先要保证国家的派购计划任务，在完成派购计划任务后允许超出部分按照政策可进行自由购销流通；第三类是除此之外的其他农产品，政策规定可允许进行自由购销流通。在实际实施过程中，由于第一类和第二类农产品几乎包括了近乎全部的农产品，再加上"自由贸易市场"作为"自发产生资本主义"的场所被长期关闭，所以农产品近乎全部被纳入了计划管理的范围。

为了保障统购统销政策的实施，国家建立了完整的农产品流通组织系统。粮食（包括大豆）和油料由国家粮食系统负责，蔬菜、肉蛋、水产、调料等由副食系统负责；棉花、麻类等工业原料产品由供销社系统负责；化肥、农药等由农业生产资料系统负责；出口农产品则专门由外贸系统负责等。这些流通组织系统，按照国家流通计划，负责完成农产品的收购（包括征购、派购等）、调配和销售等各流通环节的所有工作，所有农产品流通过程中的价格全部由各负责系统按照国家计划来确定。

以粮食为例，其统购统销体制的运行包括了以下三个方面：第一是定产，即按照计划进行生产。各粮食生产组织（当时主要为农村人民公社和国营农场）按照下达的生产计划进行生产，计划包括粮食种植面积计划和粮食产量计划，而且粮食种植面积计划是必须完成的指令性计划。第二是订购，即按照收购计划进行收购。各粮食生产组织按照下达的粮食征购指令性计划完成粮食交售任务，粮食系统按照计划完成收购任务。第三是定销，即按照计划进行销售。工业用粮、饲料用粮等则按照用粮计划由粮食系统根据需要调配供应；居民口粮则按照各地的口粮定量标准，给所有非农业户口的发放粮票，而非农业户口居民则凭粮票购买粮食。

三、农产品统购统销流通体制的效果

农产品统购统销流通体制是我国计划经济体制的重要组成部分，其建立和运行适应了当时的历史条件和经济发展需要，为我国工业化战略的起步提供了粮食低价格的保障条件，从而使得通过低工资而实现工业化的快速资本积累成为可能，也在粮食相对短缺的局面下通过相对公平的流通分配保障了城市居民的基本生活需要。但是，也由于这种计划流通体制缺乏必要的灵活性和有效的竞争激励机制，严重影响了农民的生产积极性，从而降低了农业生产效率。在粮食相对短缺的情况下，由于过分强调"以粮为纲"，严重制约了因地制宜发展多种经营的可能性。而城乡分割的户籍制度的形成，虽然相对减轻了粮食供应的负担，但也制约了农村劳动力的转移。农业生产的低收益和大量剩余劳动力的存在，使得农民收入长期处在较低水平，且增长缓慢。

第二节　改革开放以来粮食流通体制的变化

一、粮食统购的超购加价和合同收购

粮食统购统销体制的改革是从统购环节的调整开始的。1979 年，国家制定的粮食统购价格平均提高了 20%，超购部分在这个基础上再加价 30% ~50%。在较长的时间内，全国粮食征购指标继续稳定在 1971 — 1975 年的"一定五年"的基础上，并且从 1979 年起减少统购 50 亿斤。同时，国家采取增加粮食进口数量的措施，1979 年粮食净进口量超过 1000 万吨。进口粮食的增加，使国家收购的粮食大大减少，增加了农民余粮。同年，国家规定，对于水稻地区口粮在 400 斤以下、杂粮地区口粮在 300 斤以下的，一律免除征购任务。中央掌握的六种粮食（小麦、稻谷、

谷子、玉米、高粱、大豆）加权平均统购价格提高 20. 86% 。对于其他粮食品种的统购价格可参照主要粮种的提价幅度进行调整。短缺粮食品种的统购价可以适当多提些。1980 年，国家小麦统购价格又提高了 4. 6% 。1981 年，大豆价格又提高了 50% ，并取消大豆超购加价。1981 年，国家首次对西藏地区取消了统购统销任务。从 1982 年粮食年度开始，中央对省、市、自治区实行了粮食征购、销售、调拨包干一定三年的办法。

1985 年中共中央"一号文件"指出，订购的粮食，国家确定按"倒三七"比例计价（即三成按原统购价，七成按原超购价）。订购以外的粮食可以自由上市。如果市场粮价低于原统购价，国家仍按原统购价敞开收购，保护农民的利益。但是由于当年粮食大幅度减产，市场粮价迅速回升，国家无力提高粮食合同订购价格，农民不愿与政府签订合同。而粮食售价无法提高，许多地方不得已而使用强制性的行政手段来落实订购合同，用封锁市场等办法来保证合同实现。在这种背景下，政府在 1985 年年底重新赋予合同订购以"国家任务"的性质，并提出了"逐步缩小合同订购数量，扩大市场议购"的方针。1990 年，国务院正式决定改"合同订购"为"国家订购"，明确规定完成合同定购是农民应尽的义务。从而以法律行式确认了这种收购制度。这样形成的粮食购销"双轨制"的基本内容是：（1）在粮食购销方面，政府强制性低价收购和低价定量供应与一般的市场交换并存；（2）在粮食经营方面，政府的粮食机构与非政府的流通机构并存。

二、粮食统销体制的调整和粮票的取消

由于前期的改革只涉及了收购体制，而没有去触动销售体制，在粮食收购价格不断提高的情况下，粮食购销价格的倒挂问题越来越严重。1985 —1992 年，国家粮食统销量大于订购量总共达 11330 万吨，这个差额只能由议价粮转为平价粮来弥补。由于议价粮价高，财政必须对此进行补贴；同时，统销价低于订购价的差额，包括流通费用，也必须由财政进行补贴。巨额的粮食价格补贴使国家财政到了不堪重负的地步。从 1988 年开始，山西省、河南省新乡市、广西壮族自治区玉林市等地就开始实施减购（减少合同订购价）、压销（压缩平价粮销售数量）、提价（既提高合同订购

价，又提高统销价）、放开（放开购销价）的粮食购销体制改革。1992
年，广东省率先进行了粮食统销体制的改革，取消了粮票。

在此基础上，1993 年 2 月，国务院发出《关于加快粮食流通体制改
革的通知》，提出："粮食流通体制改革要把握时机，在全国宏观调控下放
开价格，放开经营，增强粮食企业活力，减轻国家财政负担，进一步向粮
食商品化、经营市场化方向推进。"粮价改革按"统一政策、分散决策、
分类指导、逐步推进"的原则，争取在两三年内全部放开粮食价格。按照
此通知的要求，我国其他省份也陆续实施了粮食统销体制的改革，到 1993
年年底，放开粮食购销价格的县（市）占到了 98%，相应地，城镇居民
口粮定量办法也被打破，取消了粮食的凭票供应。

1993 年 11 月，中共中央、国务院发布了《关于当前农业和农村经济发
展的若干政策措施》，指出经过 10 多年来的改革，粮食统购统销体制已经结
束，适应市场经济要求的购销体制正在形成，并作出了以下决定：（1）为
了加快向国家宏观调控下的市场调节体制过渡，从 1994 年起国家订购的粮
食全部实行"保量放价"，即保留定购数量，收购价格随行就市；（2）在粮
食价格和购销放开以后，国家对粮食实行保护价制度，并相应建立粮食风险
基金和储备体系，粮食保护价由国家根据农业生产成本和粮食供求状况每年
确定一次，在粮食秋播前公布；（3）解决国有粮食企业财务挂账问题，即
以 1991 年粮食年度为界，实行新老账划断，新的挂账由上一级财政扣回，
老账按"限期清理，分清责任，区别情况，逐年解决"的原则处理。

三、粮食购销的"双轨制"和"米袋子"省长负责制

逐步放开粮食市场后，从 1993 年 11 月起，我国粮食价格出现了长达
20 个月之久（1993 年 11 月—1995 年 7 月）的上涨局面。粮食价格开始
由市场供求关系决定。但我国毕竟是处于市场经济体制的初建时期，刚刚
放开的粮食市场很不完善，不仅缺乏成熟的粮食市场交易主体，而且政府
建立的粮食市场宏观调控体系很不健全，不能有效地熨平粮食市场价格的
小幅波动，最终导致粮食市场价格的异常波动。面对市场粮价的大幅度上
涨，为了稳定粮食市场，政府对粮食购销政策又重新作了部署。1993 年底
确定的"保量放价"的政策未能实行，粮食购销从 1994 年开始实际上

又恢复了"双轨制"。1994年5月，国务院发布了《关于深化粮食流通体制改革的通知》，规定继续坚持政府订购，并适当增加收购数量。除订购5000万吨粮食落实到户外，还下达了4000万吨议购计划，落实到县级政府。销区粮食批发企业必须到产区县以上粮食批发市场采购，不得直接到产区农村向农民收购粮食。这意味着从收购到批发恢复由国有粮食部门统一经营。

为了强化粮食安全保障中的地方政府责任，我国从1995年开始实行粮食地区平衡和"米袋子"省长负责制。1995年4月发布的《国务院关于深化粮食棉花化肥购销体制改革的通知》要求各省区市自求粮食平衡，负责本地区粮食总量平衡，做好以下工作：（1）保证稳定粮田播种面积；（2）提高单产，增加粮食总产；（3）负责收购、掌握70%～80%的商品粮源；（4）建立和管理地方储备粮；（5）建立和管理粮食风险基金；（6）负责完成地方进口粮任务；（7）安排好当地粮食市场，确保供应，稳定粮价；（8）负责组织省际间粮食调剂。而中央政府则集中主要力量搞好全国粮食市场的宏观调控，对全国粮食总量平衡负责：一是管好国家储备粮，主要用于解决按规定认可的重大自然灾害和平抑全国性的市场粮价波动；二是控制和管理粮食进出口；三是协调组织和帮助各省进行余缺调剂。

四、农民卖粮难的出现和粮食财政负担的再次膨胀

在粮食统销体制放开的背景下，为了增加粮食生产，保障粮食供给，政府在恢复了粮食"国家订购"的同时，连续多次较大幅度地提高国家粮食订购价。1994年，国家决定，从6月10日开始将四种粮食（小麦、稻谷、玉米、大豆）订购价格平均每50公斤提高到52元，定购粮综合收购价提高40%。1996年，国家再次决定，中等质量标准的小麦、稻谷、玉米、大豆四种粮食的订购价格，在1995年各省区市平均收购价格（不含价外补贴，全国平均每50公斤67元）的基础上，每50公斤提高15元。并允许地方以此为基准价，在上浮不超过10%的范围内具体确定收购价格。1996年的粮食订购价格相当于在1994年的基础上再提价42%。

从1993年11月到1995年7月，连续长达20个月之久的粮食价格较快上涨局面，促进了农民的粮食生产积极性，使得我国粮食产量快速增长，1995年我国粮食产量首次超过5000万吨，1996年也达到了接近5000

万吨的高水平。粮食供求局面的转换，使得 1996 年我国粮食市场价格开始转为下降。当自由市场价格低于政府定购粮的收购价格时，农民就会首选将粮食卖给粮食收购部门。而粮食收购部门则面临着购销价格"倒挂"和粮食仓储库容的"双重压力"，从而影响了粮食收购的积极性。在这样的背景下，我国农村再次出现了较为严重的"卖粮难"现象。许多地方出现了粮食收购"打白条"的问题，即农民向粮食收购部门出售粮食后，不能及时得到粮价款，只能得到粮食收购部门出具的一张"白条"。有些售粮农民要到粮食收购部门跑几趟才能将"白条"兑现为货款。"卖粮难"，特别是"打白条"现象不仅会严重农民的收入和生产积极性，更重要的是带来了政府形象和信用的损害。因此，1997 年 7 月 9 日至 11 日，国务院在北京召开全国粮食购销工作会议，要求各地区、各部门要按照国务院的部署一起行动，所有粮食收购站都要迅速挂出定购价和保护价的牌子，全面敞开收购；各级计划、财政、银行、物价、工商、铁路、交通等有关部门，要狠抓各项配套措施的落实。对于国有粮食部门敞开收购、正常销售后的超储粮，国家补贴仓储费和利息，所需资金从中央和地方共同建立的粮食风险基金中支付。

与此同时，"双轨制"的粮食购销体制再次面临了粮食财政负担迅速加大的困境。1996 年开始粮食市场价格连续三年持续下降，而此期间政府订购粮多次提交后形成的相对高价，造成我国粮食收购部门的订购粮再次出现购销"价格倒挂"；同时由于粮食购销体制问题和国有粮食部门的效率低下、资金运营混乱，1992 — 1997 年粮食系统亏损挂账高达 2140 亿元，令财政背上了沉重的负担。

首先，由于粮食购销价格"倒挂"带来的财政负担增加。一方面，政府连续提高了订购粮的收购价，在 1994 年提价的基础上，1996 年，国家再次决定，中等质量标准的小麦、稻谷、玉米、大豆四种粮食的订购价格，在 1995 年各省区市平均收购价格（不含价外补贴，全国平均每 50 公斤 67 元）的基础上，每 50 公斤提高 15 元。并允许地方以此为基准价，在上浮不超过 10% 的范围内具体确定收购价格。1996 年的粮食订购价格相当于在 1994 年的基础上再提价 42%。而另一方面，粮食的销售市场已经放开，粮食快速增产带来的相对供大于求局面，决定了按照粮食供求关系来确定的粮食销售价格相对较低。因此，国有粮食部门订购粮购销价格再次出现了"倒挂",大量收购粮食使得我国粮食储备达到历史最高水平,也使国有粮食部门粮食收购的财政负担迅速加大。

其次,国有粮食企业体制改革不到位带来的财政负担增加。我国粮食部门"政企合一"的职能特征始于统购统销前的1952年,国有粮食部门,既承担着保障粮食供求和价格稳定的政府职能,又作为商业企业要追求利润最大化目标。特别是1993年粮食统销体制改革后,许多国有粮食部门都在完成粮食收购的政策性业务的同时,也开展了一些商业性的经营业务。由于政府部门和商业企业这种政企不分的职能特征,加上国有粮食企业的经营能力不高和责任心不强,许多商业性经营业务产生了"亏损",而这也加大了粮食财政负担。1994年5月,国务院发布《关于深化粮食购销体制改革的通知》,要求在粮食行政管理部门的统一领导下,粮食经营实行政策性业务与商业性经营两条线运行机制,业务、机构、人员彻底分开。各级粮食行政管理部门及其领导下的粮管所(站)、粮库是政策性机构、承担掌握粮源、吞吐调节、稳定市场、救灾等政策性经营业务,所需费用按财政隶属关系分别由中央和地方财政补贴。国有粮食零售企业是商业性经营单位,主要承担粮食的零售业务,实行独立核算,自主经营,自负盈亏,照章纳税。尽管通知要求这项工作在1994年内完成,以后逐步完善,但是实际进展并不如意。

五、"九八粮改"和"保护价敞开收购"政策的实施

在农民"卖粮难"和粮食财政负担膨胀的背景下,国务院于1998年5月下发了《关于进一步深化粮食流通体制改革的决定》,启动了新一轮的粮食流通体制改革。由于此轮改革开始于1998年,所以一般称之为"九八粮改"。"九八粮改"的核心是贯彻"四分开、一完善"原则,即粮食企业经营机制政企分开、中央与地方粮食责权分开、粮食储备与经营分开、粮食企业新老账务挂账分开,完善粮食价格机制。根据这些原则,确定的"九八粮改"的主要内容是实施"三项政策、一项改革",即坚决贯彻按保护价敞开收购农民余粮、国有粮食收储企业实行顺价销售、中国农业发展银行收购资金实行封闭运行三项政策,加快国有粮食企业自身改革。

按照保护价敞开收购农民余粮的政策,主要是为了解决农民"卖粮

难"的问题。"九八粮改"启动之前，国务院于 1997 年 7 月 9 日至 11 日在北京召开全国粮食购销工作会议，就已经要求各地区、各部门要按照国务院的部署一起行动，所有粮食收购站都要迅速挂出订购价的牌子，全面敞开收购。并要求各级计划、财政、银行、物价、工商、铁路、交通等有关部门，要狠抓各项配套措施的落实。对于国有粮食部门敞开收购、正常销售后的超储粮，国家补贴仓储费和利息，所需资金从中央和地方共同建立的粮食风险基金中支付。"九八粮改"启动后，国务院又颁布了《粮食收购条例》，以法律法规的形式规定了粮食收购政策、价格政策、收购单位等，并且国务院出台了《粮食购销违法行为处罚办法》又对该条例进行了补充①。

而国有粮食收储企业实行顺价销售和中国农业发展银行收购资金实行封闭运行政策，则主要是为了解决粮食财政负担的问题。为了保障粮食收储企业实行顺价销售，政策禁止其他粮食企业和粮食购销商不得直接收购农民生产的粮食，只允许国有粮食收储企业收购农民生产的粮食，同时要求国有粮食收储企业按照保护价敞开收购农民余粮。中国农业发展银行按照粮食收储计划为国有粮食收储企业提供粮食收购资金，但是此收购资金要在中国农业发展银行的严格监管下使用，一是确保粮食收购资金只能专项用于粮食收储企业的粮食收购业务，不能挪作他用；二是要确保粮食收储企业在进行粮食购销时要符合"顺价销售"即同一批次粮食的销售价要高于收购价的要求。

从"九八粮改"相关政策的实施效果来看，"按保护价敞开收购农民余粮"政策的实施，有效解决了农民"卖粮难"问题，按照保护价向国有粮食收储企业销售粮食，成为农民粮食销售的基本保障，从而也在一定程度上保证了农民的种粮收益。但是，"顺价销售"政策的实施却并没有起到预期的效果，原因在于"九八粮改"的顺价销售政策的内在逻辑本身存在着一定的矛盾。从理论上讲，如果按照"九八粮改"的政策实际，能够从农民销售粮食的初始环节由国有粮食收储企业实现完全的垄断收购，进入销售市场的粮食只能从国有粮食收储企业独家供给，则通过粮食供给量的垄断调控是可以实现粮食顺价销售的。但是，由于粮食流通体制的改

---

① 这两个办法于 2004 年 5 月 26 日宣布失效。

革已经形成了一部分粮食购销商，在现实中几乎不可能通过严格监管完全禁止这些购销商直接收购农民的粮食，也不可能禁止种粮农民自行到市场上销售自产的粮食，因此垄断收购几乎不可能实现。同时，由于国有粮食收储企业的独家垄断收购，也加大了粮食制品加工和饲料等用粮企业的成本。所以，只要垄断收购不可能完全实现，则最终的粮食销售市场价格将由供求来决定，在粮食供给相对较为充足的情况下，所形成的销售价格必然会低于国家收购农民余粮的保护价，从而不可能形成可以实现"顺价销售"的市场环境。

六、粮食保护价收购范围的调整和主销区粮食收购放开的改革

1998—2002年，我国主要粮食的市场价格一直延续了逐步降低的趋势，从而使得国有粮食收储企业的"顺价销售"难以实施，加上中国农业发展银行对粮食收购资金封闭运行的严格监管，使国有粮食收储企业的粮食库存迅速增大，并没有使得销售收储企业实现扭亏为盈，从而解决粮食收购带来的财政负担问题。在这样的背景下，我国对"九八粮改"的相关政策逐步进行了调整。

（1）调整粮食保护价收购的范围。1999年5月，国务院下发了《关于进一步完善粮食流通体制改革政策措施的通知》，适当调整粮食保护价收购范围，要求各地区合理确定1999年的粮食收购价格，完善粮食超出补贴办法，对地方粮食风险金补助，实行地方政府包干，包干节余只能用于粮食方面的支出，严禁私商粮贩收购粮食，按照中央和地方粮食责权分开的原则做好陈化粮销售处理工作。明确了退出保护价收购的粮食品种范围，对广东、福建、浙江等试点地区的粮食购销价格开始全面放开等各项改革措施。黑龙江、吉林、辽宁以及内蒙古东部、河北北部、山西北部的春小麦和南方早籼稻、江南小麦，从2000年新粮上市起退出保护价收购范围。考虑到这些粮食品种现在已经播种或插秧的情况，1999年暂不退出保护价收购范围，但要较大幅度地调低收购保护价格水平。2000年，进一步决定把长江流域及其以南的玉米纳入退出保护价收购范围。

（2）增大粮食市场调节的范围。2000年国务院虽然再次强调通过适当增加粮食风险基金规模，保证资金及时拨付到位，扩大国家粮库建设规

模，增加有效仓容等措施，认真落实按保护价敞开收购农民余粮政策，切实保护农民利益。但在同时也提出进一步拓宽粮食购销渠道，搞活粮食流通，对退出保护价收购范围的粮食，允许经地（市）或县级工商行政管理部门审核批准的用粮企业、粮食经营企业，直接到农村收购，农村集贸市场要坚持常年开放，鼓励农民通过集贸市场出售自产的粮食，并不受数量限制。

（3）启动了主销区粮食收购放开的改革。2001 年下发了《国务院关于进一步深化粮食流通体制改革的意见》，提出了"放开销区、保护产区、省长负责、加强调控"的措施，积极稳妥地推进以市场化为取向的粮食流通体制改革；同时提出了加快粮食主销区粮食购销市场化改革的目标。浙江、上海、福建、广东、海南、江苏、北京、天津等放开了粮食收购，粮食价格实行市场调节、粮食流通体制改革迈出了实质性步伐。与此同时，一些粮食主产区也开始进行对种粮农民直接补贴、放开粮食收购市场的改革试点。

七、"粮食直补改革"和"最低价收购"政策的实施

2004 年我国粮食流通体制进入了市场化改革的新阶段。中共中央 2004 年中央"一号文件"《中共中央、国务院关于促进农民增加收入若干政策的意见》决定：（1）全面放开粮食收购和价格。在继续发挥国有粮食购销企业主渠道的同时，发展和规范多种市场主体从事粮食收购和经营活动。取消粮食运输凭证制度和粮食准运证制度，严禁各种形式的粮食区域封锁，建立统一、开放、竞争、有序的粮食市场体系。（2）实行粮食直接补贴。2004 年，国家从粮食风险基金中拿出部分资金，用于主产区种粮农民的直接补贴。要本着调动农民种粮积极性的原则，制定便于操作和监督的实施办法，确保补贴资金真正落实到农民手中。随着中央对主要粮食品种、粮食主产地的农民实施直接补贴政策，地方政策开始对本省区市粮食主产县（市）的种粮农民实行直接补贴。粮食直接补贴政策的实施开启了我国农业补贴的新阶段，连同此前后陆续实施的良种补贴、农机购置补贴和农业生产资料综合补贴一起，成为一段时期内我国农业政策的最重要组成部分。随后几年内，粮食直接补贴的政策力度有所加大，直接补贴的

标准有所提高；粮食直接补贴的具体实施方式也有一些变化，如从按照农民承包地面积进行补贴转为强调按照农民粮食播种面积进行补贴，直接补贴的发放方式也得到了完善。

在实施对种粮农民进行直接补贴的同时，2004 年 5 月发布的《国务院关于进一步深化粮食流通体制改革的意见》决定，当粮食供求发生重大变化时，为保证市场供应、保护农民利益，必要时可由国务院决定对短缺的重点粮食品种，在粮食主产区实行最低收购价格。与粮食保护价收购政策不同，粮食最低价收购政策是政府每年预先确定并颁布一个最低收购价，只有当市场实际粮食收购交易价格低于最低收购价时，中央储备粮企业才启动按照最低收购价收购农民出售的粮食。最低价收购政策的目的在于保证在粮食市场价格过低时，农民仍然可以顺利实现粮食销售变现，并得到一定的收益，从而稳定农民的种粮积极性。最低收购价政策的实施对象仅限于重要粮食中的水稻、小麦和玉米，但是此后政府又对棉花、大豆、油菜籽等农产品开始实施临时收储政策。临时收储政策在实施机制上看，与最低价收购政策完全不同。

粮食直接补贴和最低价收购政策的实施，使得国有粮食企业不再承担粮食政策实施主体的功能，这就为我国国有粮食企业的发展创造了条件。在进行试点的基础上，我国对国有粮食企业进行了彻底的所有制改革。截至 2005 年底，我国国有粮食企业的改制工作基本完成，这标志着我国的粮食流通体制完成了从计划经济体制向市场经济体制的转变。

第三节　改革开放以来农产品市场体系的变化

一、农产品集市贸易的恢复和发展

在统购统销政策退出农产品流通的过程中，开放集市贸易开始发展起来，部分产品被允许实行议购议销和自由购销。但是，这一过程历经"治—乱"循环，1979 年 4 月后，国家规定，除棉花外完成统购任务的一类、二类农副产品，即粮、油、猪、蛋、麻、烟、丝、茶、羊毛、牛皮等，以及三类农副产品，均可实行议购议销和市场自由购销。1980年4月，国家工商行政管理总局发文，允许转手贩卖农产品。1980年12月，国务院发文对议购议销进行了整顿，对议价范围及最高价做了一些具体规定。1981年和1982年国务院、商业部、物价局、工商行政管理总局等又数次发文对议购议销做了新的规定。1982年，国务院提出从1982年粮食年度起，除了新疆、西藏外，中央同各省区市协商确定粮食征购、销售、调拨包干数字，包干数字确定后，从1982—1984年度一定三年不变；生产队、生产小组和农户在完成征购任务后，有权自行处理多余的粮食；包干以后，实行中央和省区市两级管理的办法，即国家储备，中央直接掌握的周转库存，省际调拨、军粮、棉糖奖售粮、进口和出口，归中央支配的议价转平价粮，由中央统一管理；粮食征购、销售、定额周转库存、议价粮库存、代队储备，由省统一管理。直到1983年中共中央发出《关于当前农村经济政策的若干问题的通知》之后，粮食议购议销和自由购销的范围才明显扩大。1984年，中共中央《关于一九八四年农村工作的通知》主题直指发展农业生产力、发育市场机制，提出疏通流通渠道，坚持国家集体个人一起上的方针，继续进行农村商业体制的改革，进一步搞活农村经济。

二、"菜篮子"工程建设与农产品批发市场的初步发展

1983年2月，中央相关部委在文件中首次提出建设批发市场。1984年，国务院政府工作报告指出："所有城市以及农副产品集散地，都应当逐步建立各种类型的贸易中心和批发市场。"继而在上海，深圳和北京等大中城市以及山东，河南等蔬菜主产地开设了批发市场，允许长途贩运蔬菜，农贸市场内出现了运销商人。

国务院办公厅在1987年一份批转商业部报告的通知中，首次提出了"大中城市的人民政府都要切实关心群众的'菜篮子'"。进一步提出了"建设和扩大现有的蔬菜批发交易市场、集市贸易市场和零售网点"的政策，要求各地把建设蔬菜批发交易市场、集市贸易市场和零售网点纳入城市建设总体规划中。1988年5月9日，农业部向国务院提出《关于发展副食品生产保障城市供应（简称"菜篮子工程"）的建议》，国务院委托国

家计委批复同意了农业部的这一建议，今天为大众所熟知的"菜篮子工程"正式拉开了建设序幕。

集贸市场的发展扩大和批发市场的建设，使得更多的批发市场逐渐从集贸市场中脱身，从区域流通逐渐发展到具有全国集散功能的大量流通市场，涌现出了一批大规模的典型农产品批发市场和集散中心，如山东寿光的蔬菜批发市场，一些地方的水产、水果批发市场、中药材批发市场培育发展的经验可资借鉴。1992 年国家工商行政管理总局正式提出，"在全国范围内普遍建立一大批远辐射、多功能的农副产品批发市场"。在现已形成批量交易的集贸市场的基础上积极推进。进一步，借鉴成功案例，对商品量大的农副产品要积极组织批发市场，发展贩运队伍。这一时期，全面建设和改善批发市场的设施，出现了全面建设批发市场的高潮，并且蔬菜经由集贸市场的份额逐渐减少，同时批发市场的所占份额逐年增加。

1992 年，国务院发布了《关于发展高产优质高效农业的决定》，"对迄今尚未放开的农产品，都要积极创造条件逐步放开，使农产品生产与市场需求直接联结起来，推进高产优质高效农业更快发展。"并决定建立"以流通为重点建立'贸工农一体化'的经营体制"，连接农户与市场。随着"菜篮子工程"建设的进展和蔬菜流通条件的改善，各大中城市停止对蔬菜生产与流通的计划管理，开放市场，开放价格，鼓励竞争。至此，我国蔬菜生产流通体制实现了由计划统制向自由市场流通体制的全面转换。

1994 年市场流通上出现了两个重要的变化：（1）在蔬菜专业市场销售额中，批发市场所占份额超过 50%，标志着批发市场在蔬菜市场流通中处于主导地位。（2）在集贸市场销售额中，城市集贸市场所占份额首次超过 50%，在集贸市场流通中开始处于主导地位。而且，"菜篮子工程"已处在由过去以生产基地建设为主转入生产基地与市场体系建设并举的新阶段。同年年底，全国肉类总产量达 4499.3 万吨，禽蛋 1479 万吨，水产品总产量达 2146.4 万吨，水果总产量达 3499.1 万吨，蔬菜面积达 1.34 亿亩。全国有 27 个省区市初步建立了主要副食品的地方储备。1994 年，国务院发文要求进一步加强"菜篮子"工作，"要重视市场建设，建立以批发市场为中心的农贸市场与零售商业相结合的市场网络和商品大流通的格局，形成总量平衡、物流畅通、经营灵活的运行机制。"在市场流通中，批发市场的数量逐渐增加的同时，批发市场的建设逐渐从硬件的数量建设

转向市场内部软件的质量建设阶段。尤其是 1994 年 12 月由商业部公布了
"批发市场管理办法"，为完善商品批发市场体系，规范批发市场交易行
为，使批发市场的建设和管理纳入法制化、规范化轨道，提供了法律依
据。该办法中，首次对批发市场进行定义，并提出在商品主要产地、销地
或集散地中心城市设立具有辐射周围地区乃至全国的批发交易场所。

1995 年，中共中央、国务院的 "6 号文件"（《中共中央、国务院关
于做好 1995 年农业和农村工作的意见》）提出，开始实施的新一轮 "菜篮
子工程"。中国的蔬菜流通体制主要体现出基地建设向区域化、规模化、
设施化和集约化发展的四大特点。广大农区也开始发展 "菜篮子"，一批
农区基地正在逐步形成。随着城镇居民生活水平的提高，市场供应需要适
应市场 "多样化、鲜活、无公害、低脂肪、高营养、保健、方便携带" 的
消费要求，各地在生产中广泛采用良种、良法以提高产品的产量和质量，
并探索新的流通方式，积极推行产供销、"贸工农一体化" 经营。1995
年，农业部公布了我国 23 家首批定点鲜活蔬菜中心批发市场。同年，农
业部实施了大中城市 "菜篮子" 产品批发市场价格信息联网。到同年 9
月，该信息已经与 28 个大中城市和主产区的 33 个批发市场联网。1996
年，农业部颁布了 "菜篮子工程" 定点鲜活农产品中心批发市场管理办
法，推动全国 "菜篮子工程" 建设，提出 "促进以批发市场为中心的鲜
活农产品市场体系建设，建立稳定的产销联系，加强宏观调控"。1997 年
年底，我国蔬菜批发市场发展到约 4000 家，已经初步形成了以中心批发
市场为核心，连接生产基地和零售市场的稳定的 "菜篮子" 市场体系。

三、以批发市场为核心的农产品市场体系的形成

进入 21 世纪，"菜篮子" 产品长期短缺的历史基本结束，产品丰富，
市场购销两旺。但 "菜篮子" 产品的质量卫生安全问题开始突出出来：一
些产品的药物残留及有害物质超标；在加工和流通过程中，由于包装、储
藏、运输等设施落后和管理不善，造成了食品安全隐患。而且 "菜篮子"
产品结构不合理，品种和质量不能适应多样化、优质化的消费需求；流通
基础设施薄弱，市场交易和运行方式原始，检验检测手段落后。为进一步
促进蔬菜市场流通，经过约两年时间的准备，农业部组织筹备成立 "中国

蔬菜市场协会",并得到民政部的正式批准,2001年12月29日在长沙召开了筹备成立大会。协会总部设在北京市新发地蔬菜批发市场。2002年,国务院在针对新时期"菜篮子工程"工作的通知中指出,目前"菜篮子"建设的目标是"两个转变",即以保障长期稳定供给为目标,以提高"菜篮子"产品质量卫生安全水平为核心,加快实现由比较注重数量向更加注重质量、保证卫生和安全转变,让城乡居民真正吃上"放心菜""放心肉";逐步实现由阶段性供求平衡向建立长期稳定供给机制转变,让城乡居民长期吃上"放心菜""放心肉",促进农业增效、农民增收。

自2004年开始,每年元旦、春节之前,农业部都会发出关于做好元旦春节期间"菜篮子"产品市场供应工作的通知,要求加强市场供应。商务部合同财政部、国家税务总局下发《关于开展农产品连锁经营试点的通知》,对农产品流通开展农产品连锁经营试点。2007年,农业部《关于贯彻落实全国"菜篮子"工作电视电话会议精神的通知》指出,各级农业部门要按照构建现代农业产业体系的要求,坚持生产与市场协调发展,不断完善农产品市场体系,搞好"菜篮子"产品产销衔接,活跃市场流通。要积极推进市场流通基础设施建设,重点支持鲜活农产品批发市场升级改造,提升服务功能,增强辐射带动能力。要配合有关部门认真落实鲜活农产品运输"绿色通道"政策,减免通行费用,清除公路乱设卡、乱罚款,保障"菜篮子"产品全国大流通顺畅、快捷。要引导产区和销区建立长期稳定的合作关系,督促农业产业化龙头企业与生产基地建立紧密联系,实行订单生产,组织开展"夏秋鲜活农产品促销系列行动",通过交易会、网络促销等多种方式促进产销对接。要认真实施《中华人民共和国农民专业合作社法》,培育和壮大新型产销合作组织,提高农民进入市场的组织化程度。要加强产销动态监测与预警分析,及时发现市场运行中的异常情况,健全农产品市场信息披露制度,科学引导生产发展与市场运行。

2000年中央"三号文件"(《中共中央、国务院关于做好2000年农业和农村工作的意见》)指出,加强农产品市场建设,充分发挥市场对结构调整的带动作用。要求各地要把产地批发市场纳入农业基础设施建设规划,增加投入,重点搞好场地、道路、通讯和农药残留检测等公用设施建设。采取鼓励措施引导农民经纪人和各种形式的民间流通组织,自我约束、自我完善,发挥更加积极的作用。还要求,加快农产品市场信息体系和质量标准体系建设。2001 年 6 月，农业部《全国农业和农村经济发展第十个五年计划（2001—2005 年）》中更加具体地指出，重点是在蔬菜、水果、肉类、禽蛋、水产品、花卉、土特产品等农产品集中产区，改、扩建一批全国性或区域性的大型农产品产地批发市场，无公害食品、绿色食品批发市场及配送中心，完善配套设施，健全服务功能，提高对农业产业化经营的带动水平，对我部定点的产地批发市场，要加快建设农产品质量安全检测网络，配备相应的检测设备，在这些批发市场率先实行农产品市场准入制度。同时，积极扩大批发市场的信息网络和电子结算等现代交易方式试点。

到 2002 年，中国农产品批发市场总数已达 4150 个，农产品中蔬菜和果品经过批发市场的比例已经超过 60%，全国农产品批发市场的交易额达到 3461 亿元。农产品批发市场建设进入了追求质量的阶段，2003 年国务院办公厅发出《关于进一步做好农业标准化工作的通知》，提出"加强农产品流通领域的标准化工作"。要进一步完善农产品流通领域的标准体系和监测体系，实行收购、储存、加工、运输、销售等全过程质量安全控制，大力推进农产品质量安全、质量等级、计量、包装标识等标准的实施。要积极探索开展农产品批发市场的标准化工作，用标准化规范农产品批发市场、培育和发展农产品零售市场。并且提出了具体目标，即三年内"培育 2000 个实行标准化、规范化管理的农产品批发市场，销售的农产品的质量安全达标率达到 95% 以上。" 2004 年中央"一号文件"提出，培育农产品营销主体。鼓励发展各类农产品专业合作组织、购销大户和农民经纪人。积极推进有关农民专业合作组织的立法工作。从 2004 年起，中央和地方要安排专门资金，支持农民专业合作组织开展信息、技术、培训、质量标准与认证、市场营销等服务。有关金融机构支持农民专业合作组织建设标准化生产基地、兴办仓储设施与加工企业、购置农产品运销设备，财政可适当给予贴息。深化供销社改革，发挥其带动农民进入市场的作用。加快发展农产品连锁、超市、配送经营，鼓励有条件的地方将城市农贸市场改建成超市，支持农业龙头企业到城市开办农产品超市，逐步把网络延伸到城市社区。进一步加强产地和销地批发市场建设，创造条件发展现代物流业。支持鲜活农产品运销，在全国建立高效率的绿色通道，各地要从实际出发进一步改善农产品的流通环境。

四、农产品流通新型业态和流通方式的兴起与发展

2005 年中央"一号文件"又指出，"在继续搞好集贸市场和批发市场建设的同时，注重发挥期货市场的引导作用，鼓励发展现代物流、连锁经营、电子商务等新型业态和流通方式"。改造现有农产品批发市场，通过发展经纪人代理、农产品拍卖、网上交易等方式，增强交易功能。加快建设以冷藏和低温仓储运输为主的农产品冷链系统，对农产品仓储设施建设用地按工业用地对待。重视发挥供销合作社在农产品流通和生产资料供应等方面的作用。各省区市要加快开通整车运输鲜活农产品的绿色通道，抓紧落实降低或免交车辆通行费的有关规定，并尽快实现省际互通。

2006 年中央"一号文件"提出，"加强农村现代流通体系建设"。积极推进农产品批发市场升级改造，促进入市农产品质量等级化、包装规格化。鼓励商贸企业、邮政系统和其他各类投资主体通过新建、兼并、联合、加盟等方式，在农村发展现代流通业。积极发展农产品、农业生产资料和消费品连锁经营，建立以集中采购、统一配送为核心的新型营销体系，改善农村市场环境。继续实施"万村千乡市场工程"，建设连锁化"农家店"。培育和发展农村经纪人队伍。供销合作社要创新服务方式，广泛开展联合、合作经营，加快现代经营网络建设，为农产品流通和农民生产生活资料供应提供服务。2006 年要完善全国鲜活农产品"绿色通道"网络，实现省际互通。2006 年末，农业部提出了"十一五"时期全国农产品市场体系建设规划目标，"到 2010 年，在政府的宏观调控和扶持下，基本建立起以现代物流、连锁配送、电子商务、期货市场等现代市场流通方式为先导，以批发市场为中心，以集贸市场、零售经营门店和超市为基础，布局合理、结构优化、功能齐备、制度完善、有较高现代化水平的统一、开放、竞争、有序的农产品市场体系，农产品市场整体运行状况接近同期发达国家的中等水平。"

2007 年中央"一号文件"提出，"建设农产品流通设施和发展新型流通业态"。采取优惠财税措施，支持农村流通基础设施建设和物流企业发展。要合理布局，加快建设一批设施先进、功能完善、交易规范的鲜活农产品批发市场。大力发展农村连锁经营、电子商务等现代流通方式。加快

建设"万村千乡市场""双百市场""新农村现代流通网络"和"农村商务信息服务"等工程。支持龙头企业、农民专业合作组织等直接向城市超市、社区菜市场和便利店配送农产品。积极支持农资超市和农家店建设，对农资和农村日用消费品连锁经营，实行企业总部统一办理工商注册登记和经营审批手续。切实落实鲜活农产品运输绿色通道政策。改善农民进城销售农产品的市场环境。进一步规范和完善农产品期货市场，充分发挥引导生产、稳定市场、规避风险的作用。截至 2007 年全国农产品批发市场达 4000 余个，交易额超过 1 亿元的市场达到 599 家。同年，国务院发布《关于促进畜牧业持续健康发展的意见》，加强畜产品市场监管。建立统一开放竞争有序的畜产品市场，严禁地区封锁，确保畜产品运销畅通。充分发挥农村经纪人衔接产销的作用，促进畜产品合法流通。落实畜产品市场准入和质量责任追究制度，加大对瘦肉精等违禁药品使用的查处力度，保证上市肉类的质量。加强对液态奶和其他畜产品的市场监管，完善液态奶标识制度。

2008 年中央"一号文件"再次指出，"建立健全适应现代农业发展要求的大市场、大流通"。继续实施"万村千乡""双百市场"和"农产品批发市场升级改造"等工程，落实农产品批发市场用地按工业用地对待的政策。加强粮食现代物流体系建设，开展鲜活农产品冷链物流试点。供销合作社要加快组织创新和经营创新，推进新农村现代流通网络工程建设。通过实施财税、信贷、保险等政策，鼓励商贸、邮政、医药、文化等企业在农村发展现代流通业。完善农产品期货市场，积极稳妥发展农产品期货品种。加快落实鲜活农产品绿色通道省内外车辆无差别减免通行费政策。

第四节　农产品流通体制变化的特征

归纳总结中国农产品流通体制改革的过程，可得到以下主要特征。

（1）农产品流通政策在不断地向市场化迈进。从流通价格形成机制和供求决定因素上看，市场机制已经逐步深入流通领域。蔬菜、畜产品、水产品等已经完全放开，实现了向市场经济的过渡，并且已经开始了由对购销、计划的管制向对质量、市场秩序的监管转化。棉花也基本上实现了购销的政企分开，不断地向市场经济过渡。而粮食在经过了"双轨制"和改革的几次反复之后，市场经济的成分也已经占有相当的比重。而且，目前粮食流通体制改革的市场化方向，也越来越明确。从对流通的宏观调控上看，越来越倾向于市场化。这主要表现在两个方面：一方面对各种农产品和农资的流通的补贴，逐渐地由对流通者补贴转向对生产者直接补贴，这样通过生产者自发地生产，并进入流通领域的决策来实现产品供求的调控；另一方面，对各种农产品和农资建立储备制度，以防止供求不平衡造成的市场波动，而不是在对价格进行行政指令限制。从对流通的监督管理上看，制度化、法制化的倾向比较明显，越来越依靠于正式的法律法规来制约流通主体的行为，而不是再凭"红头文件"。

（2）各大类农产品流通体制的市场化程度高低不同，进展速度不一。蔬菜、肉蛋、水产等副食品的流通市场化程度更高一些，并且这类产品的流通已经开始由注重数量向提高质量转化。在食品安全引起全社会关注的情况下，农产品质量安全建设不断完善，管理体制不断健全，而且已经法制化。另一方面，粮棉、农资等产品，由于对国家粮食安全和产业安全有着特殊意义，而且一直以来国家管制比较严格，所以市场化程度没有副食品那么高。这也许是因为越是对国民生活影响大的农产品，原来的计划经济管制也就越严格，制度变迁的调整成本也就越大的缘故。

（3）中国农产品流通的制度变迁的原因是内生的，由生产领域引发了产品的剩余，从而导致商品生产的发展，进一步要求流通领域的市场化。而流通领域的市场化的进程，则主要是自上而下的政府管制放松的过程。这主要是由中国农产品流通体制改革的起点决定的。因此，每一次改革都是由于以往流通领域的一些先改革的部分，对其他部分产生制度需求，政府则提供制度供给。但是由于很多领域，尤其是宏观领域，政府职能还没有得到相应的转化，一段时间内，尤其是改革的第二个阶段，陷入了明显的"活—乱"循环。实际上，生产组织必须重新学会自负盈亏，即在严格约束下进行决策。而政府的作用则应当得到反思，其职能应当向提供服务转换。

（4）中国农产品流通的制度变迁从总体上看，表现出了很好的制度绩效[①]。从一系列农产品流通体制改革政策效果上看，农产品流通逐渐活跃，造就了农产品交易的空前繁荣；市场商品的种类丰富；农产品供给由短缺转向基本平衡，丰年有余。这一切都大大提高了人民的生活水平，根据对部分地区的调查，20 世纪 90 年代末居民人均每日摄入能量 2387 千卡、蛋白质 70.5 克、脂肪 54.7 克。而且，农产品消费正在向追求质量前进。但是，应当看到 1985 年到 1997 年伴随宏观经济波动，农产品市场"活—乱"循环；1995 年前后粮食市场出现了异常价格高涨，价格"双轨制"带来的寻租活动；2002 年以来农资价格上涨速度过快给农民造成了相当的负担并且推高了农产品价格；2004 年以来猪肉价格迅速上涨，给居民造成了很大的生活压力；21 世纪以来食品安全事件频发，引起国内外广泛关注……但是，相比于计划经济下的农产品流通体制，市场化的农产品流通体制是一种符合次优的改进。当然，过渡时期必然要付出代价，必须要想方设法使得这个代价降到最低。

[①] 曾寅初. 总结与初步结论. 中国人民大学农业经济系 "211" 项目课题组. 中国农产品流通的制度变迁——制度变迁过程的描述性整理。

/第十章/

农产品国际贸易的变化

农业是不能转移"工厂"的产业，无法实现土地、水、太阳光、劳动力等生产要素的跨国重新匹配，决定了国家间农业产业的关联关系将具有完全不同于其他产业的特性。大部分的工业产品都可以通过原材料的进出口与开设跨国公司实现生产资料的跨国重新配置，但受到主权国家地理界线的限制，农业生产资料很难跨国流动，在别国租地种粮，涉及土地主权，又会被其他国家政府所排斥，所以国家间农业产业的关联关系只能形成以开放农产品贸易市场为主、开放农业要素市场为辅的发展格局。中国城市化率逐年上升，收入水平稳步提高，消费需求持续增加，营养结构快速升级，中国正在经历从"乡土中国"向"城市中国"的转变，"乡土中国"下农民自己养活自己的局面一去不返，中国已经由农产品净出口国转变为农产品净进口国，进口总量继续扩大的趋势短期内不可逆转。要养好"城市中国"，就必然需要其他国家农产品的支援，形成合力共同满足"城市中国"高质量的农产品需求。因此有必要梳理改革开放40年来中国农产品对外贸易发展的情况，总结国际农产品贸易规则的变化，并研判我国农产品贸易发展的趋势。

第一节　改革开放以来农产品贸易发展情况

一、农产品进出口贸易概况

（一）农产品范围的界定

要分析我国农产品进出口贸易的变化，就必然会面临农产品范围的界定问题，时至今日全球依然未能形成一致的农产品分类和贸易统计口径，导致不同机构、部门公布的农产品贸易数据差异巨大，甚至同一个机构公布的数据也会采取多种不同的口径。例如《中国统计年鉴》《中国农业年鉴》《中国农产品贸易发展报告》《中国海关统计年鉴》等不同统计数据中农产品的统计口径中存在差别；农业农村部、商务部、海关总署等不同政府部门公布的历年农产品贸易及细分数据也存在差异；联合国粮食及农业组织（Food and Agriculture Orgnization，FAO）、联合国统计署（United Nations Statistics Division，UNSD）、美国农业部（United States Department of Agriclture，USDA）、欧盟统计局（Eurostat）等机构农产品统计口径同样存在差异。因此，为了保证数据的连续性和可比性，有必要对农产品贸易统计口径做统一的界定。

关于农产品的界定方法常用的有三类，包括《国际贸易标准分类》（Standard International Trade Classification，SITC 编码）、《海事合作理事会税则商品分类目录》（Customs Cooperation Council Nomenclature，CCCN 编码）、《商品名称及编码协调制度》（Harmonized Commodity，HS 编码）。SITC 编码 1950 年发布后，经过了 1974 年、1985 年、2006 年的修订，将商品分为 10 大类，中国海关统计 1980—1991 年采用 SITC 编码；CCCN 编码 1953 年发布后，经历 3 次修改，形成 21 类 99 章产品目录；HS 编码于 1988 年发布后，共实施过 6 个版本，2012 年 HS 编码形成了 21 类 97 章产品目录，1992 年起中国海关开始采用 HS 编码。考虑到改革开放 40 年的时间跨度和数据的连续性，本章采取 SITC 分类标准中的第二次修订标准

（SITC Rev. 2）作为农产品贸易的统计口径，SITC 编码对农产品范围的界定包括第 0、1、2、3、4 章中的产品减去第 2 章中的第 27、28 类产品。在程国强（1999）、赵涤非（2016）对农产品所做分类的基础上，本章对SITC 编码涵盖的农产品重新进行分类，见表 10 - 1。

表 10 - 1 农产品范围的界定与分类

农产品分类	涵盖的细分种类
畜类产品	00 主要供食用的活动物；01 肉及肉制品；02 乳制品及禽蛋；21 皮、表皮和毛皮
谷物类产品	04 谷类及其制品
园艺类产品	05 蔬菜及水果；07 咖啡、茶、可可、调味品及制品
油脂类产品	22 油籽及含油果实；41 动物油、脂；42 植物油；43 动、植物油、脂及蜡
糖类产品	06 糖、糖制品及蜂蜜
其他	03 鱼、甲壳及软体类动物及制品；08 饲料；09 杂项制品；11 饮料；12 烟草及其制品；23 天然橡胶（包括合成和再生）；24 软木及木材；25 纸浆及废纸；26 纺织纤维（不包括羊毛条及其他精梳羊毛）及其废料；29 动、植物原料

（二）农产品贸易整体的情况

改革开放 40 年来，中国与世界的农产品贸易局势经历了翻天覆地的变化，在进口额、出口额齐增的前提下，由农产品净出口国转变为农产品净进口国，且净进口额不断增加，农产品贸易的"小部门"化倾向明显。从农产品进出口角度来看（见表 10 - 2），农产品进口由 1984 年的 40.18 亿美元增加到了 2016 年的 1366.13 亿美元，增长了 34 倍；农产品出口由 1984 年的 51.79 亿美元增加到了 2016 年的 709.53 亿美元，增长了 13.7 倍；进出口总额由 1984 年的 91.97 亿美元增加到了 2016 年的 2075.66 亿美元，增长了 22.57 倍。2000 年起中国由农产品净出口国转变为农产品净进口国，2016 年净进口额增长到 656.6 亿美元，特别是加入世界贸易组织以来，农产品贸易的发展速度明显加快。对比之下，中国所有产品的进出口总额由 1984 年的 510.56 亿美元增加到了 2016 年的 36855.58 亿美元，增长了 72.19 倍。农产品贸易发展的速度滞后于整体对外贸易发展的速度，从农产品贸易占总贸易的比重来看，农产品贸易占比从 1984 年的

18.01%，下降到了 2016 年的 5.63%，降低了 12.38 个百分点，农产品贸易相对"小部门"化的倾向明显。1984 —1994 年这 10 年，中国农产品贸易顺差基本呈现出不断扩大的趋势，是该阶段外汇收入的主要来源，为改革开放早期其他产业的发展作出了重要贡献，随后逐步转变为净进口国，农产品贸易逆差不断扩大，非农业部门外汇收入成为贸易顺差的主要来源。

表 10 – 2　　　　　　　　　1984 —2016 年我国农产品进口的变化

年份	农产品进口额（亿美元）	农产品出口额（亿美元）	农产品净进口额（亿美元）	农产品进出口总额（亿美元）	所有产品进出口总额（亿美元）	农产品进出口占比（%）
1984	40.18	51.79	– 11.61	91.97	510.56	18.01
1986	36.96	53.25	– 16.29	90.21	742.25	12.15
1988	79.52	95.65	– 16.12	175.17	1027.84	17.04
1990	73.31	99.14	– 25.83	172.45	1154.37	14.94
1992	71.29	112.00	– 40.71	183.29	1655.25	11.07
1994	94.92	141.38	– 46.46	236.30	2366.20	9.99
1996	137.01	139.66	– 2.64	276.67	2898.80	9.54
1998	112.78	137.38	– 24.60	250.16	3240.46	7.72
2000	165.66	160.81	4.85	326.47	4742.96	6.88
2002	186.65	183.82	2.84	370.47	6207.66	5.97
2004	369.66	235.69	133.96	605.35	11545.54	5.24
2006	444.98	317.80	127.18	762.78	17603.96	4.33
2008	743.57	411.04	332.53	1154.60	25632.55	4.50
2010	941.09	499.89	441.21	1440.98	29737.65	4.85
2012	1389.88	640.64	749.24	2030.52	38669.81	5.25
2014	1519.78	722.01	797.77	2241.78	43015.27	5.21
2016	1366.13	709.53	656.60	2075.66	36855.58	5.63

注：1980 年中国恢复海关统计，1984 年联合国贸易数据库中开始以 SITC 编码统计公布中国农产品贸易数据，故数据时间跨度为 1984 —2016 年。

资料来源：联合国贸易数据库 UN Comtrade International Trade Statistics Database。

二、分种类农产品贸易的变化

（一）不同种类农产品贸易额变化

根据各类农产品改革开放 40 年来进出口额变化的趋势，如图 10 - 1 所示，可以将不同类型农产品进出口变化归为净出口转为净进口、持续净出口、无序波动三种状态。

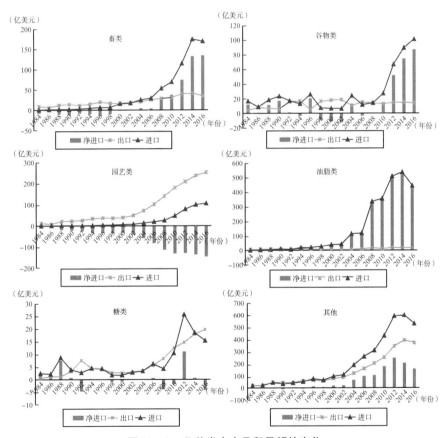

图 10 - 1　分种类农产品贸易额的变化

注：1980 年中国恢复海关统计，1984 年联合国贸易数据库中开始以 SITC 编码统计公布中国农产品贸易数据，故数据时间跨度为 1984—2016 年。

资料来源：联合国贸易数据库 UN Comtrade International Trade Statistics Database。

（1）净出口转为净进口（畜类产品、油脂类产品、谷物类产品）。2003 年中国由畜类产品净出口国转变为净进口国，此后畜类产品的净进口不断增加，由 2003 年的 3.86 亿美元增加到了 2016 年的 134.89 亿美元，中国居民营养升级背景下的下消费结构调整是畜类产品净进口快速增加的主要原因。1989 年中国首次由油脂类产品净出口国转变为净进口国，净进口额从 1989 年的 1.58 亿美元增加到 2016 年的 428.02 亿美元，增长了271 倍，国内外油脂价格"倒挂"是净进口快速增长的主要原因。谷物类产品经历了从净进口到净出口再到净进口的变化，1992 年以前中国是谷物净进口国，1992 —2002 年又成为谷物净出口国，2008 年以来转变为净进口国，且净进口额不断扩大。

（2）持续净出口（园艺类产品）。改革开放以来，中国一直是园艺类产品的净出口国，且净出口不断增加，从 1984 年的 11.43 亿美元，增加到 2016 年的 147.25 亿美元，增长了 12.88 倍。园艺类产品主要涵盖了蔬菜、水果、咖啡、茶、可可、调味品及制品等，大多属于劳动密集型农产品，园艺作物种植中机械与劳动力之间的可替代性弱，因此园艺类产品出口的增加得益于中国与日本等国劳动力的相对成本差异。但也应看到，中国即是园艺作物产品的生产大国、出口大国，也是消费大国，随着居民对健康饮食关注度的提高和国内劳动力成本的进一步上升，未来中国很有可能转变为园艺作物产品的净进口国。

（3）无序波动（糖类产品）。中国在糖类产品净进口与净出口状态无序交叉转换，但基本能够实现进出口贸易平衡。

（二）分种类贸易结构变化

（1）农产品出口结构变化。如图 10 – 2 所示，园艺类产品出口占农产品出口的比重不断增加，从 1984 年的 23.56% 上升到 2016 年的 35.65%；畜类、谷物类、油脂类产品出口占比均不断下降，1984 —2016 年，畜类产品出口占比从 17.69% 下降到 4.91%，谷物类产品从 8.49% 下降到 1.98%，油脂类产品从 11.7% 下降到 2.24%；糖类产品出口占比在波动中变化不大，基本维持在 2% ~3%。

（2）农产品进口结构变化。如图 10 – 3 所示，谷物类、糖类产品进口占比快速下降，谷物类产品进口占比从 41.93% 下降到 7.4%，糖类产品从

6.05%下降到了 1.12%；畜类、园艺类、油脂类产品进口占比均不断上升，1984—2016 年，畜类产品进口占比从 1.66% 上升到 12.43%，园艺类产品从 1.93% 上升到 7.76%，油脂类产品从 1.95% 快速上升到 32.5%。

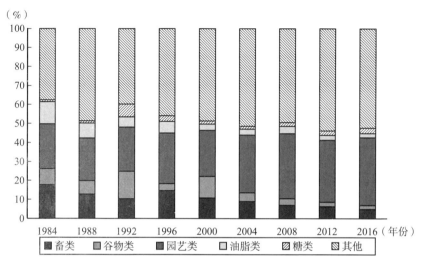

图 10 - 2 分品种农产品出口结构

注：1980 年中国恢复海关统计，1984 年联合国贸易数据库中开始以 SITC 编码统计公布中国农产品贸易数据，故数据时间跨度为 1984—2016 年。
资料来源：联合国贸易数据库 UN Comtrade International Trade Statistics Database。

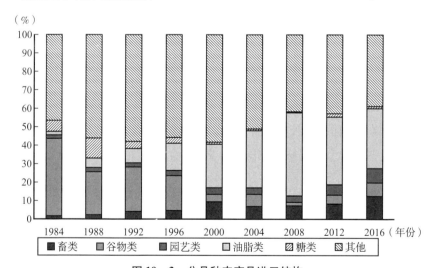

图 10 - 3 分品种农产品进口结构

注：1980 年中国恢复海关统计，1984 年联合国贸易数据库中开始以 SITC 编码统计公布中国农产品贸易数据，故数据时间跨度为 1984—2016 年。
资料来源：联合国贸易数据库 UN Comtrade International Trade Statistics Database。

三、分国家农产品贸易的变化

（1）中美农产品贸易。中美农产品贸易总额从 1984 年的 14.18 亿美元增加到了 2016 年的 380.38 亿美元，占中国农产品贸易总额的比例从 15.42% 增加到了 18.33%，美国一直是中国农产品净进口核心来源国，净进口从 11.37 亿美元增加到 223.8 亿美元，改革开放以来中美农产品贸易总体呈现出进口量增加、出口量增加、净进口量增加的"三量齐增"发展态势。

（2）中欧农产品贸易。中国与法国、德国、荷兰、丹麦、西班牙这五个欧盟国家的农产品贸易总额从 1984 年的 2.54 亿美元增加到了 2016 年的 166.54 亿美元，占中国农产品贸易总额的比例从 2.77% 增加到了 8.02%。2006 年以前，中国向欧盟五国净输出农产品，2006 年之后，欧盟五国向中国净输出农产品，1984 年中国向欧盟五国净出口农产品 1.69 亿美元，2006 年达到 5.96 亿美元，但到 2016 年欧盟向中国净出口农产品达 69.82 亿美元，成为中国农产品供应的重要来源。改革开放以来中国与欧盟五国农产品贸易总体同样呈现出进口量增加、出口量增加、净进口量增加的"三量齐增"发展态势。

（3）中日农产品贸易。日本一直是中国农产品净出口国，中日农产品贸易总额从 1984 年的 12.23 亿美元增加到了 2016 年的 125.44 亿美元，占中国农产品贸易总额的比例从 13.37% 下降到了 6.04%，中国对日本的净出口从 8.85 亿美元增加到了 78.15 亿美元。改革开放以来中日农产品贸易呈现出出口量增加、进口量增加、净出口量增加的"三量齐增"发展态势。

（4）中东农产品贸易。中国与马来西亚、印度尼西亚、越南、泰国四个东盟国家的农产品贸易总额从 1984 年的 5.53 亿美元增加到了 2016 年的 349.04 亿美元，占中国农产品贸易总额的比例从 6.02% 增加到了 16.82%，中国从东盟四国的净进口从 1.9 亿美元增加到了 102.7 亿美元，是中国农产品的重要进口来源地，也是重要出口目的地。改革开放以来中国与东盟四国农产品贸易总体也呈现出进口量增加、出口量增加、净进口量增加的"三量齐增"发展态势。

（5）中凯农产品贸易。中国与阿根廷、澳大利亚、巴西、加拿大四个凯恩斯集团国农产品贸易总额从 1984 年的 13.62 亿美元增加到了 2016 年的 460.91 亿美元，占中国农产品贸易总额的比例从 14.91% 增加到了 22.21%，中国从凯恩斯集团四国农产品净进口从 12.44 亿美元增加到了 404.79 亿美元，是中国农产品进口的主要来源。改革开放以来中国与凯恩斯集团四国农产品贸易总体呈现出进口量增加、出口量增加、净进口量增加的"三量齐增"发展态势。

如图 10-4 所示为我国与其他国家农产品贸易的变化情况。

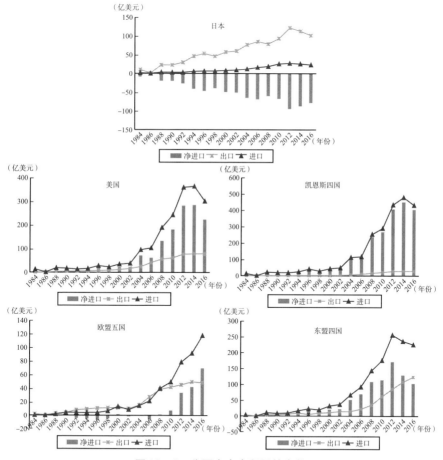

图 10-4　分国家农产贸易的变化

注：1980 年中国恢复海关统计，1984 年联合国贸易数据库中开始以 SITC 编码统计公布中国农产品贸易数据，故数据时间跨度为 1984—2016 年。凯恩斯四国包括阿根廷、澳大利亚、巴西、加拿大；欧盟五国包括法国、德国、荷兰、丹麦、西班牙；东盟四国包括马来西亚、印度尼西亚、越南、泰国。

资料来源：联合国贸易数据库 UN Comtrade International Trade Statistics Database。

美国、日本、欧盟五国（法国、德国、荷兰、丹麦、西班牙）、凯恩斯四国（阿根廷、澳大利亚、巴西、加拿大）、东盟四国（马来西亚、印度尼西亚、越南、泰国）共 15 个国家为中国农产品贸易的主要伙伴，2016 年中国从这 15 个国家进口 1102.62 亿美元的农产品，占中国农产品进口总额的 80.71%，对这 15 个国家出口 379.68 亿美元的农产品，占中国农产品出口总额的 53.51%。具体进出口占比如图 10-5 和图 10-6 所示。

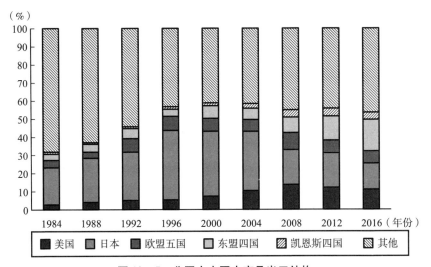

图 10-5 分国家中国农产品出口结构

注：1980 年中国恢复海关统计，1984 年联合国贸易数据库中开始以 SITC 编码统计公布中国农产品贸易数据，故数据时间跨度为 1984—2016 年。凯恩斯四国包括阿根廷、澳大利亚、巴西、加拿大；欧盟五国包括法国、德国、荷兰、丹麦、西班牙；东盟四国包括马来西亚、印度尼西亚、越南、泰国。

资料来源：联合国贸易数据库 UN Comtrade International Trade Statistics Database。

第二节　农产品国际贸易政策的变化

最初的《有关关税和贸易规则的多边国际协定》（简称《关贸总协定》）同样适用于农产品贸易，但允许各国针对农业生产与贸易使用非关税措施，严重扭曲农产品贸易市场。发达国家的做法是向城市人口征税，补贴农民保护农业发展，发展中国家的做法是向农业征税，补贴城市人口消费，发达国家认为农业产品与工业产品的贸易不能相互替代，也就不可

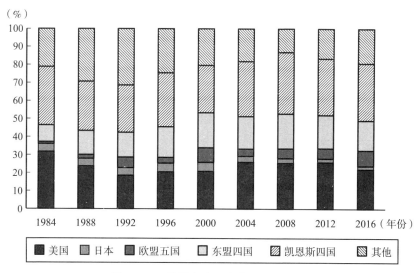

图 10 - 6　分国家中国农产品进口结构

注：1980 年中国恢复海关统计，1984 年联合国贸易数据库中开始以 SITC 编码统计公布中国农产品贸易数据，故数据时间跨度为 1984—2016 年。凯恩斯四国包括阿根廷、澳大利亚、巴西、加拿大；欧盟五国包括法国、德国、荷兰、丹麦、西班牙；东盟四国包括马来西亚、印度尼西亚、越南、泰国。

资料来源：联合国贸易数据库 UN Comtrade International Trade Statistics Database。

能存在类似于工业产品的互惠对等待遇。由于农业保护理念深深根植于发达国家的农业政策中，导致农产品贸易成为游离于国际贸易规则约束之外的特殊领域。

为了促进国际贸易自由化，WTO 的前身 GATT（General Agreement on Tariffs and Trade，关税及贸易总协定）共主持开展了八轮全球多边贸易谈判，再加上 WTO 成立后的多哈回合谈判，在九轮贸易谈判中，针对制造业、服务业等领域的贸易规则很快达成一致，但农产品贸易规则谈判进展却十分缓慢，甚至止步不前。肯尼迪回合（1964—1967 年）将农产品贸易列为谈判的议题，美国要求大幅度削减农产品进出口关税，欧盟（欧共体）拒绝妥协，导致农业贸易谈判停滞。东京回合（1973—1979 年）同样由于美国、凯恩斯集团与欧盟（欧共体）矛盾不可协调，除了牛肉和奶制品达成协议外，成效甚微。直到第八轮乌拉圭回合（1986—1994 年）经历多次谈判协商后，终于在农产品贸易领域取得了重大进展。WTO 成立后，于 2001 年开启的第一轮多边贸易谈判多哈回合，其针对农产品贸易规则的谈判再度长期陷入僵局，至今也未能取得突破性进展。因此本章梳理改革开放以来农产品国际贸易政策的变化，主要针对的是 1986 — 1994 年的乌拉圭回合与 2001 年至今的多哈回合。

一、1986 — 1994 年乌拉圭回合贸易规则的变化

虽然农业劳动人口占总劳动人口的比重与农业产值占总产值的比重都在不断下降，但产值占比依然低于人口占比，较多的人口分享较少的产值，导致农民不能获得平均收入，为了保障农民收入，保护国内农产品供给能力，发达国家纷纷推行了针对农业的干预政策，造成农产品严重结构失衡和过量生产。发达国家为了缓解库存，发放了巨额出口补贴，引起20世纪七八十年代世界各国农产品国际贸易争端不断升级，为了降低国内财政压力、减轻农产品贸易市场的扭曲度，各国都亟须在农产品贸易规则领域有所突破。在这样的背景下，关贸协定部长级会议于 1986 年 9 月在乌拉圭的埃斯特角城召开，美、欧、日等多边主体共同决定开启第八轮多边贸易谈判，称为"乌拉圭回合"。计划 1990 年 12 月结束，实际由于各发达国家在农产品贸易领域争执不下，直到 1994 年 4 月才在摩洛哥的马拉喀什结束，历时 7 年，谈判方从最初的 103 个增加到结束时的 123 个。谈判的主要领域包括农产品、关税、非关税措施、服务贸易、知识产权等 15个议题。

在门峰（2001）对谈判阶段划分的基础上，本章将乌拉圭回合农产品贸易规则的谈判分为三个阶段：1986 年 9 月到 1989 年 4 月为初战阶段，各国递交农产品贸易规则提案，又称"幻想阶段"；1989 年 5 月到 1991年 12 月为集中论战阶段，各方依据自身利益开展多边磋商；1992 年 1 月到 1993 年 12 月为终战阶段，各方相互妥协让步达成协议条款。农产品贸易规则谈判的目标是减少进口壁垒、改善进口渠道；削减直接、间接扭曲农产品贸易的国内支持；处理农业贸易中的卫生健康标准。

（一）1986 年 9 月—1989 年 4 月初战阶段贸易规则的总结

初战阶段主要是各方提出各自农产品贸易规则改革的提案，谈判方主要包括美国、欧盟（欧共体）、日本、凯恩斯集团，其中凯恩斯集团包括

14 个主要的农产品生产和出口国（澳大利亚、新西兰、加拿大、阿根廷、乌拉圭、巴西、泰国、匈牙利、智利、哥伦比亚、印度尼西亚、新加坡、马来西亚、菲律宾）基本支持美国的提案。提案阶段美国和欧盟（欧共体）之间的矛盾最大，双方在国内支持、出口补贴、市场准入方面的分歧无法调节，导致初期的谈判进展缓慢。各方的提案代表着各自的利益与立场，这里总结美国、欧盟（欧共体）、日本、凯恩斯四方提案，以此来反映初战阶段贸易规则的变化，见表 10 - 3。从提案来看，可以分为三大农产品贸易谈判利益集团，美国与凯恩斯、欧盟、日本，三方人均农业资源禀赋、农业生产力水平、农业在全球的地位等均都不同，提案没有对错之分，仅仅代表各方的利益，各方都倾向于将提案设定得极为苛刻，以便为后续谈判争取更大的空间。

表 10 - 3　　　　　　各谈判方提案的农产品贸易规则总结

谈判方	农产品贸易规则提案的总结	立场
美国	（1）测算各国农业保护水平，在 10 年内完成削减；（2）10 年内取消所有的农产品进口限制；（3）10 年内取消所有的农业生产补助金制度；（4）短期内扩大市场准入量，把出口补贴限制在目前的水平上，并在 10 年内取消出口补助金制度；（5）消除保护同样应用于卫生健康标准等非关税壁垒	进攻方，以贸易自由化为由，急于缓解财政压力，打通全球农产品贸易市场，得到凯恩斯集团支持
欧盟（欧共体）	（1）农业保护政策需要削减，但应该逐步削减，即在维持现状不变的基础上有步骤的削减；（2）农业保护水平的测算应该以 PSE（生产者补助的相当数量）为核算基准；（3）短期内削减农业生产补助金；（4）改正关贸协定规则，将农产品贸易纳入规则体系内	防守方，以共同农业政策（Commom Agricultural Policy，CAP）是主权问题、不容谈判为由，拒绝美国提案
日本	（1）考虑食物安全保障问题，应该采取限制进口制度；（2）探索豁免进口限制制度；（3）修改禁止出口的条例；（4）分阶段取消出口补助金制度；（5）分阶段取消国内生产补贴制度	防守方，推动取消出口限制以保障农产品进口来源
凯恩斯	（1）立刻冻结所有的国内支出、出口补贴、进口数量限制，结束破坏性农产品倾销；（2）测算各国农业保护水平，在 10 年内完成削减；（3）建立国际农产品贸易章程，将农产品纳入贸易规则体系	进攻方，极力规避被美国、欧盟（欧共体）的农产品贸易战所波及

资料来源：世贸组织网站（https：//www.wto.org/）；门峰. 乌拉圭回合农业谈判日本采取的对策及给我们的思考 [J]. 日本问题研究，2001（3）：1 - 6；李岳云. 关贸总协定乌拉圭回合农业贸易谈判 [J]. 世界经济，1990（6）：7 - 11。

(二)1989 年 5 月 — 1991 年 12 月论战阶段贸易规则的总结

初战阶段，各方均围绕农产品贸易规则问题向 GATT 提交了众多提案，在提案的讨论与谈判过程中，美欧日矛盾重重，甚至欧盟（欧共体）代表多次拒绝谈判、多次离场而导致会议中断。特别是 1988 年 12 月蒙特利尔会议，美欧矛盾彻底爆发，美国因每年国内支持政策开支达 270 亿美元而急于减轻财政压力，迫切要求欧盟（欧共体）同意削减国内支持，并要求宣布欧盟（欧共体）国内补贴为非法，欧盟（欧共体）以威胁农业共同政策，干涉内政为由而坚决反对，并极力主张应该逐渐削减补贴。最终会议未能在农产品贸易领域达成一致，此后近乎处于停滞状态（诸济，1988）。随后进入论战阶段，双边、多边农产品贸易谈判开始在此期间密集展开，但美欧均不妥协，成效甚微。其中 1990 年 12 月布鲁尔会议召开，美欧矛盾再次经历了一次大爆发，原定于此次会议结束乌拉回合，却由于美欧在国内削减幅度上分歧太大，日本、韩国拒绝接受大米关税化提案，美国代表愤而离席，涉农谈判无果而终，此后的谈判沉寂了一年多。直到 1991 年 12 月关贸协定总干事邓克尔在总结多方提案及谈判成果的基础上，提出了《乌拉圭回合多边贸易谈判结果最后文件草案》（俗称邓克尔文本），才代表论战阶段取得了阶段性的成果，虽然由于邓克尔文本中关于农产品贸易规则的提案更接近美国提案而遭到欧盟（欧共体）的拒绝，但却成为后来终战阶段达成农产品协议的基础。因此该阶段贸易规则的总结主要基于邓克尔文本，见表 10 - 4。

表 10 - 4　　　　　　　　邓克尔文本中农产品贸易规则的总结

削减领域	核算基期	削减方案	完成时间段
进口关税	1986 — 1990 年	所有非关税措施全部转化为关税，农产品进口关税 6 年内削减 36%，各个产品最低削减幅度为 15%	1993 — 1999 年
市场准入量	1986 — 1990 年	关税化后，为了扩大市场准入机会，过去输入量很少的农产品，保证市场准入量为国内消费量的 3%，6 年间扩大为 5%	1993 — 1999 年

削减领域	核算基期	削减方案	完成时间段
国内补贴	1986—1990 年	各产品的国内补贴 6 年内削减 20%	1993—1999 年
出口补贴	1986—1990 年	6 年内达到出口补贴基准的 36% 以及带有补贴的输出数量基准的 24%	1993—1999 年
约束表		1992 年 3 月 1 日前各方提出各自的削减农业保护的约束表	

资料来源：世贸组织网站（https：//www.wto.org/）。

（三）1992 年 1 月 —1993 年 12 月终战阶段贸易规则的总结

邓克尔提案搁置之后，乌拉圭回合涉农谈判进入终战阶段，各谈判方迫于各方面的压力开始相互让步妥协，以期尽快达成一致协议。1992年 1 月乌拉圭回合涉农谈判继续进行，但欧美在核心利益上依然互不相让，1992 年 4 月 13 日宣布乌拉圭回合无限期搁置。经过一系列磋商，1992 年 11 月美欧各让一步终于达成《布莱尔大厦协定》，该协定受到了法国的强烈反对，迫于各方压力，1992 年 12 月 6 日美国再次作出让步，美欧双方率先在农产品贸易领域达成协议。至此乌拉圭回合涉农谈判的拉锯战基本宣告结束，1993 年 12 月 15 日乌拉圭回合最终在日内瓦国际会议中心结束，并达成《乌拉圭回合最终文本》，涉及 21 个领域45 个协议。1994 年 4 月 15 日摩洛哥马拉喀什举行部长级会议，100 多个国家和地区的代表签署了乌拉圭回合协议最后文件和关于建立世界贸易组织协议，乌拉圭回合彻底结束。终战阶段农产品贸易规则体系包括农业协定文本（13 个部分共 21 个条款、5 个附件），各谈判方在市场准入、国内支持和出口补贴方面的减让承诺，关于卫生与植物卫生措施的协定，关于最不发达国家和粮食净进口发展中国家的决定（尚杰等，2015）。农业协定中最主要的内容包括市场准入、国内支持与出口补贴，对终战阶段削减的比例（见表 10 -5），规则的梳理主要围绕农业协定内容（见表 10 -6）。

表 10 - 5　　　　　　　　　　　最后达成的削减指标　　　　　　　　　　单位：%

削减领域	具体项目	发达国家 (1995—2000 年)	发展中国家 (1995—2014 年)
关税	全部农产品平均削减	36	24
	单项农产品最低削减	15	10
国内支持	AMS 削减	20	13
出口补贴	补贴额削减	36	24
	补贴量削减	21	14

注：最不发达国家免除削减；关税削减基础税率以 1995 年 1 月 1 日前的约束税率为准，未约束的关税以乌拉圭回合开始时（1986 年 9 月）税率为基础税率。

资料来源：世贸组织网站（https：//www.wto.org/）；尚杰等．农业经济学［M］．北京：科学出版社，2015 年。

表 10 - 6　　　　　　　　　　　最后达成的贸易规则总结

具体领域	规则内容
市场准入	（1）发达成员与发展中成员将非关税壁垒转换为"等值关税"，加上正常关税，形成混合关税；如果不转换则保证一定量的低关税进口配额；（2）发达成员与发展中成员差别进口关税削减标准见表 10 - 5；（3）高度限制进口的农产品，需要配额进口量，以 1986—1988 年为基期，如果基期的平均进口量不足近三年平均消费量的 3%，以 3% 确定配额量，实施期限内逐年增加，结束时应达到 5%；（4）实施特殊保障机制，如果某种农产品进口突增或价格异常波动，允许增收附加税，数量触发机制为年度进口量超过前三年平均进口量，价格触发机制为进口价格低于 1986—1988 年参考平均价格的 10%，两种情况均可启动特殊保障条款，但税额小于等于约束税率的 1/3
国内支持	（1）不引起贸易扭曲的"绿箱"政策，免除削减，"绿箱"政策支出来源于纳税人而不是消费者转移，包括政府一般支出（农业科研、农业基础设施、检验、市场促销）、保险、救济、粮食安全储备、与生产者脱钩的收入补贴、生产者退休、环境补贴、地区援助等；（2）引起贸易扭曲的"黄箱"政策，承担削减义务，包括价格支持、营销贷款、面积补贴、牲畜数量补贴、种子等投入补贴，AMS 削减标准见表 10 - 5，微量支持部分只要 AMS 不超过该产品生产总值（或农业总产值）的 5%（发展中成员 10%），免除削减；（3）与限产计划相关的"黄箱"如休耕补贴，可纳入"绿箱"，计入 AMS，但免除削减
出口补贴	出口补贴削减中的数量减让与价值减让均以 1986—1990 年平均水平为尺度水平，具体削减标准见表 10 - 5

注：最不发达国家免除削减；关税削减基础税率以 1995 年 1 月 1 日前的约束税率为准，未约束的关税以乌拉圭回合开始时（1986 年 9 月）税率为基础税率。

资料来源：世贸组织网站（https：//www.wto.org/）。

二、2001 年至今多哈回合贸易规则的变化

（一）谈判进程与各方立场

世界贸易组织 WTO 于 2001 年 11 月在多哈举行的世界贸易组织第四次部长级会议，正式提出开启新一轮多边贸易谈判，称为多哈回合，确定了包括农业、非农产品市场准入、服务、知识产权等 8 个领域，具体包括 21 个议题，计划于 2005 年 1 月 1 日结束。根据世贸组织预测，多哈回合谈判成功，将会每年为全球带来 500 亿 ~1000 亿美元的收益，每年减少 1300 亿美元的关税支出，仅农业领域就达 350 亿美元（董银果等，2011）。多哈回合谈判作为 WTO 成立以来的第一轮多边贸易谈判，受到世界各国的高度重视，也背负着各国对贸易自由化的期许，但由于各方分歧不可调和，多哈回合谈判经历了多次的终止，截至 2018 年 4 月仍未取得实质性进展，成为历时最长的多边贸易谈判。

多哈回合涉农谈判与乌拉圭回合相比更为复杂，乌拉圭回合的主要矛盾产生于欧美之间，随着欧盟农产品由紧缺转为过剩，多哈回合的矛盾转变为了发达成员与发展中成员之间的矛盾，谈判主体包括美国、欧盟、日本、凯恩斯集团、G20、G33 等多个国家或联盟，其中以印度、中国为首的发展中国家在谈判中的话语权逐步增加，已经成为谈判舞台上的重要一方。多哈回合涉农贸易规则提案的总结见表 10 - 7，涉农谈判依然围绕市场准入、国内支持、出口竞争、特殊保障机制等方面展开。各谈判方在农产品贸易规则谈判过程中的立场见表 10 - 8，可以看出美国、欧盟、日本、凯恩斯、G20 各方面立场和诉求差异显著，也正是由于这些矛盾的存在，才导致多哈回合涉农谈判经历了一次次的中断、停滞、重启。

表 10 - 7　　　　　　　多哈回合历次谈判贸易规则提案的总结

文件	市场准入	国内支持	出口竞争	其他
2001 年《多哈部长宣言》	确定为多哈回合涉农谈判的核心议题	确定为多哈回合涉农谈判的核心议题	确定为多哈回合涉农谈判的核心议题	

续表

文件	市场准入	国内支持	出口竞争	其他
2004 年《多哈发展议程框架协议》	确定关税分层削减原则，未形成分层细则	确定国内支持分层削减原则，AMS、微量允许和"新蓝箱"为削减依据，未形成分层细则		发达成员国、发展中成员国、最不发达成员国、新入成员国的差别待遇与灵活政策
2005 年《香港宣言》	确定四层关税分层削减原则，未形成具体方案	确定三层国内支持削减原则，欧盟处于最高层，美国和日本处于第 2 层，其他成员处于第 3 层，未形成具体方案	发达成员 2013 年前取消出口补贴	建立发展中成员国特殊保障机制 SSG
2008 年《农业模式修正草案（第四稿）》	确定关税分层削减的具体方案，规定发达成员国、发展中成员、最不发达成员、新入成员分层公式、层内削减方法和削减幅度及实施期	确定 OTDS（Overall Trade–Distorting Domestic Support，全面扭曲贸易的国内支持）、AMS 约束水平分层削减的具体方案，规定发达成员国、发展中成员、最不发达成员、新入成员分层公式、层内削减方法和削减幅度及实施期	发达成员 2010 年年底取消一半出口补贴，2013 年全部取消，发展中成员 2016 年年底全部取消补贴	限制有利于发达成员特殊保障机制 SSG，构建发展中成员特殊保障机制 SSM，触发机制未达成具体方案
2013 年《巴厘一揽子协定》	确定进口配额分期分额度提高的准则，未形成具体方案	调整"绿箱"，将土地复垦、土壤保护、资源管理、干旱管理、洪灾防控、农村就业计划、产权保护、农民安置计划归入"绿箱"。放宽对发展中成员国处于粮食安全目的进行公共储备的 AMS 限制		

续表

文件	市场准入	国内支持	出口竞争	其他
2015 年《内罗毕部长宣言》	最不发达国家棉花免税和免配额进入发达国家和部分发展中国家市场，发达国家立即取消棉花补贴，发展中国家 2017 年 1 月 1 日取消	建立渔业补贴标准，增加渔业补贴透明度	除少数农产品外发达国家立即取消任何形式的农业出口补贴，发展中国家 2018 年取消补贴；发展中国家保持农业出口营销和运输成本的灵活性可持续到 2023 年；贫困国取消补贴期限更长	建立发展中国家特殊保障机制 SSM，触发机制等未达成一致

资料来源：世贸组织网站（https：//www.wto.org/）。

表 10 - 8　　　　多哈回合农产品贸易规则谈判方的核心立场总结

谈判方	核心立场
美国	（1）取消"蓝箱"，增加"新蓝箱"，反对修改"绿箱"，保留和平条款； （2）农业可持续发展的国内支持不予削减； （3）缩小发达成员关税差距，尤其是欧盟、日本必须大幅度降低关税；发展中国家关税削减的幅度、期限享受差别待遇，但必须承诺削减； （4）取消农业出口补贴，严禁出口信贷规避出口补贴，约束出口信贷； （5）农业国有企业竞争中立，政府不干预国有企业参与国际竞争； （6）主要成员国应增加进口配额，提高市场对外开放度
欧盟	（1）严格"新蓝箱"标准，适当削减"新蓝箱"支持，反对修改"绿箱"标准； （2）关税以小幅度削减为主要形式，在方式上采取渐进式削减，反对短时间内大幅度削减，适当开放市场，保持灵活性，反对提高进口配额； （3）可使用敏感产品、特殊保障措施等保护重点产业； （4）缓慢削减出口补贴，最后妥协支持取消出口补贴
日本	（1）维持现有"黄箱"、"绿箱"和"蓝箱"结构，尤其是"蓝箱"措施； （2）考虑成员国自然地理情况，给予更灵活的关税削减方式，特别是粮食作物需要更长的削减周期，反对提高进口配额； （3）反对最不发达国家 100% 农产品市场覆盖； （4）保留发达国家的农产品进口特殊保障措施，以应对进口突增对国内农业的冲击

续表

谈判方	核心立场
凯恩斯集团	（1）严格限制"新蓝箱"，规范"绿箱"和"黄箱"，削减扭曲贸易的国内支持； （2）削减关税，提高配额； （3）禁止一切形式的出口补贴
G20（印度主导）	（1）不接受任何额外关税削减要求，发展中国家削减幅度应不超过发达国家的 2/3； （2）严格限制"新蓝箱"，规范"绿箱"和"黄箱"，大幅度削减扭曲贸易的国内支持，发展成员家应该赋予更小的幅度和更长的期限； （3）取消出口补贴； （4）建立发展中国家农产品特殊保障机制

资料来源：世贸组织网站（https：//www.wto.org/）。

（二）具体规则的总结

因为《内罗毕部长宣言》《巴厘一揽子协定》是对《农业模式修正草案（第四稿）》的肯定，有关贸易规则最具体的内容是在《农业模式修正草案（第四稿）》中作出规定，因此以《农业模式修正草案（第四稿）》为基础做具体贸易规则的总结。具体内容见表 10 - 9、表 10 - 10 和表 10 - 11。

表 10 - 9   OTDS（Overall Trade - Distoring Domestic Support）削减分层

分层		分界点 （10 亿美元）	线性削减 （%）	基期（年）	实施期限
发达成员	第一层	＞60	80	1995 — 2000	5 年；第 1 年第 1 层和第 2 层需削减 33.3%，第 3 层削减 25%；其余按年度进行 5 次均等削减
	第二层	10～60	70		
	第三层	＜10	60		
发展成员		36.7		1995 — 2000 或 1995 — 2004	8 年；第 1 年削减 20%；其余按年度进行 8 次均等削减

资料来源：世贸组织，TN/AG/W/4/Rev.4。

表 10 – 10 农业综合支持总量削减分层

分层		分界点（10 亿美元）	线性削减（%）	基期（年）	实施期限
发达成员	第一层	>40	70		5 年；第 1 年削减 25%；其余按年度进行 5 次均等削减 5 年；6 次均等削减
	第二层	15 ~ 40	60	1995 — 2000	
	第三层	<15	45		
发展成员		>0.1	30	1995 — 2000 或 1995 — 2004	8 年；9 次均等削减

资料来源：世贸组织，TN/AG/W/4/Rev. 4。

表 10 – 11 关税分层削减

分层	分界点	线性削减（%）	实施期限
发达成员	>75%	70	5 年；每年平均削减
	50% ~ 75%	64	
	20% ~ 50%	57	
	≤20%	50	
发展中成员	>130%	46.7	10 年；每年平均削减
	80% ~ 130%	42.7	
	30% ~ 80%	38	
	≤30%	33.3	
关税封顶	发达成员 100%，发展中成员 150%		
平均减让幅度	发达成员 ≥54%，发展中成员 ≤36%		

资料来源：世贸组织，TN/AG/W/4/Rev. 4。

第三节 我国农产品国际贸易的前景

中国的城市化率由 1978 年的 17.92%，逐年上升到了 2016 年的 57.35%，未来城市化率还会继续上升，中国正在经历从"乡土中国"向"城市中国"转型的巨变，"乡土中国"农民自给自足的生产与消费方式逐步改变。城镇居民人均可支配收入由 1978 年的 343.4 元到了 2016 年的

33616 元，农村居民由 133.6 元增加到 2016 年的 12363.4 元①。居民收入的稳步增加，带来居民消费结构的调整与营养升级，对农产品数量和质量的需求都不断提高，中国逐步由农产品净出口国转变为农产品净进口国。中国以 7% 的土地资源能够养活 19% 的世界人口，但很难养好营养不断升级、消费不断增加的"城市中国"，因此在未来相当一段长的时间内中国需要其他国家农产品的支援，与世界农产品净出口国打交道，整合全球的农产品供应能力，积极参与农产品国际贸易，合力养好"城市中国"。

一、未来我国农产品贸易趋势的研判

改革开放以来，我国居民农产品人均消费量见表 10 - 12，粮食的人均消费量不断下降，城镇居民人均购买量从 1985 年的 131.2 千克下降到 2010 年的 81.5 千克，农村居民人均消费量从 1985 年的 257.5 千克下降到 2010 年的 181.4 千克。植物油、猪肉、禽类、水产品的人均消费量不断上升，其中禽类和水产品的上升幅度较大，城镇居民禽类产品的人均购买量从 1985 年的 3.8 千克增加到 2010 年的 10.2 千克，农村居民禽类产品的人均消费量从 1985 年的 1 千克增加到 2010 年的 4.2 千克。收入的增长、居民生活水平的提升就意味着营养结构的升级，居民消费结构中，过去属于奢侈品的肉、蛋等农产品消费量会不断增加，用于饲料生产的粮食数量也会相应增加，而用于消费的口粮数量会相应的减少，在将来消费者会追求更为健康、合理的膳食，消费结构也会继续发生改变，水果、蔬菜的消费量会随之增加。

基于消费量的变化，未来我国农产品贸易中，口粮净进口量预计持续下降，饲料粮（玉米、大豆）净进口量会持续增加，由于粮食进口配额的存在，饲料粮的替代农产品（大麦、高粱、酒糟等）净进口量也会继续增加，整体上粮食的净进口量会继续增加，肉、蛋、奶等农产品净进口量会持续增加，油脂类农产品进口量同样会持续增加。短期内蔬菜、水果的净

---

① 国家统计局 http：//data. stats. gov. cn/easyquery. htm？cn = C01，其中农村居民 1978 年收入的统计口径为农村居民家庭人均纯收入，2016 年为新口径下的农村居民人均可支配收入；城镇居民 1978 年收入的统计口径为城镇居民人均可支配收入，2016 年为新口径下的城镇居民人均可支配收入。

出口量会持续增加，但从长远来看，随着消费者会追求更为健康、合理的膳食，蔬菜、水果等园艺作物的净出口量会逐渐减少，甚至转变为净进口国。

表 10 - 12　　　　　　　　人均农产品消费量变化　　　　　　单位：千克

种类	年份	城镇居民人均购买量	农村居民人均消费量
粮食	1985	131.2	257.5
	1990	130.7	262.1
	1995	97	256.1
	2000	82.3	250.2
	2005	77	208.8
	2010	81.5	181.4
植物油	1985	6.4	4
	1990	6.4	5.2
	1995	7.1	5.8
	2000	8.2	7.1
	2005	9.3	6
	2010	8.8	6.3
猪肉	1985	17.2	10.3
	1990	18.5	10.5
	1995	17.2	10.6
	2000	16.7	13.3
	2005	20.2	15.6
	2010	20.7	14.4
禽类	1985	3.8	1
	1990	3.4	1.3
	1995	4	1.8
	2000	5.4	2.8
	2005	9	3.7
	2010	10.2	4.2

续表

种类	年份	城镇居民人均购买量	农村居民人均消费量
水产品	1985	7.8	1.6
	1990	7.7	2.1
	1995	9.2	3.4
	2000	11.7	3.9
	2005	12.6	4.9
	2010	15.2	5.2
蔬菜	1985	147.7	131.1
	1990	138.7	134
	1995	116.5	104.6
	2000	114.7	106.7
	2005	118.6	102.3
	2010	116.1	93.3
水果	1985	36.5	—
	1990	41.1	5.9
	1995	45	13
	2000	57.5	18.3
	2005	56.7	17.2
	2010	54.2	19.6

注：关于消费量的统计最新数据只更新到2012年，城镇居民的统计口径为人均购买量，农村居民的统计口径为人均消费量。

资料来源：国家统计。

二、未来农产品贸易规则的可能变化

（一）重新界定"新蓝箱"规则，改变三箱结构

美国一直是"新蓝箱"的坚定支持者，凯恩斯集团和以印度为首的发展中国家要求严格限制"新蓝箱"。"新蓝箱"与"旧蓝箱"对比有两处明显变更，一是将"按限产计划作出直接支付"转变为"不与生产挂钩的直接支付"，二是规定"蓝箱"的上限指标，即不得超过该国农业年度

生产总值的 5%。由于"新蓝箱"需要强大的财力作为支撑，以印度为首的发展中国家一直都在谋求限制"新蓝箱"的补贴额度与范围，并将"新蓝箱"列入削减范围，欧盟、日本也有条件的同意限制"新蓝箱"。所以未来 10 年的贸易规则谈判中，很可能会在"新蓝箱"的补贴范围、额度方面作出修改，三箱结构可能转变为两箱结构，可能取消"新蓝箱"，或将"新蓝箱"归入"黄箱"，计入 AMS（Aggregate Measurement of Support，综合支持量），承担削减义务。

（二）SSM 替代 SSG 成为特殊保障机制的主体机制

由于严格的实施条件和高额的实施成本，发展中国家要求取消 SSG（Special Safeguard，特殊保障），重新设计农产品的特殊保障机制 SSM（Special Safeguard Measures），关于 SSM 的数量触发机制与价格触发机制，发达国家与发展中国家矛盾尖锐，特别是印度在触发的临界值上始终不肯让步，在触发后附加关税与原有关税的总和能否超过乌拉圭回合的表态上也很难统一。虽然目前 SSM 的谈判只存在一个基本框架，但有关 SSM 存在的必要性已基本达成共识，因此未来 10 年经过多方谈判与相互妥协很有可能在 SSM 体系上取得突破。

（三）国内支持与进口关税的分层级差别化削减

发达国家要求发展中国家放开市场准入、提高开放程度，并试图打通全球农产品市场，发展中国家要求发达国家削减国内支持量，减少造成贸易扭曲的财政支出，并在保护国内农业方面取得灵活的主动权，二者在基本农业利益诉求上的非合作博弈，是造成多哈回合谈判僵持的根源。从 2008 年《农业模式修正草案（第四稿）》到 2015 年《内罗毕部长宣言》，均围绕国内支持与进口关税的分层级削减作出了努力，虽然就分层削减的方式、期限、幅度和差异化待遇未能形成统一意见，但国内支持与进口关税的分层级差别化削减已经成为所有成员推动全球贸易发展的共识，在未来 10 年经过多方谈判与相互妥协很有可能在国内支持与进口关税的分层级差别化削减方面取得突破。

（四）谈判方式从国家间博弈演变为利益集团间博弈

农产品贸易规则谈判过程是多个利益集团的博弈过程，凯恩斯集团、欧洲联盟、G20 集团、G33 集团、G90 集团在农产品贸易规则谈判中的作用日趋明显，特别是发展中国家为摆脱谈判中的劣势地位，相互联合，以集团的名义参与贸易规则谈判，以期获得更多的话语权。未来 10 年的谈判中利益集团在农产品贸易规则谈判中的作用将得到进一步的体现，甚至有可能改变传统谈判格局，在规则制定中起主导作用。

三、中国农产品贸易策略的选择

经过以上分析发现，未来一段时间国际农产品贸易将继续活跃，而我国主要农产品生产成本较高、在国际市场上竞争力较低的现实短期内难以扭转；伴随着城乡居民营养升级，主要农产品的消费需求与进口量将继续增加；农产品净进口与净出口国家或地区在削减国内支持、放开市场准入方面的谈判争端进入了白热化阶段，在短期内也将难以突破。在这些背景的共同作用下，传统温和的农产品贸易政策已经不能适应国内生产条件的变化与日益复杂的国际贸易环境。为保障国内粮食安全，满足日益增长的国内需求，提升我国农业的国际竞争力，必须谋求"温和型"贸易政策向"适度强硬型"贸易政策的转变。

（一）贸易上"以工补农"

贸易上"以工补农"是指略微牺牲较强的工业产品贸易来补贴较弱的农产品贸易。例如 2015 年我国玉米进口量为 473 万吨，大麦为 1073 万吨，高粱为 1069 万吨，木薯为 937 万吨，酒糟为 682 万吨。玉米是生产饲料的原材料，有进口配额，大麦、高粱、木薯、酒糟等农产品也可以替代玉米生产饲料，且价格要低于国产玉米，这些替代品并没有纳入配额管理中，替代品的大量进口挤压了国内玉米销售市场，大量国产玉米滞销，进入库存，玉米产能浪费。但如果将玉米替代品的进口纳入玉米进口配额管理中，对于国内玉米去库存大有裨益，这样做的最坏后果就是经历长达 18 个月谈判、仲裁无果之后，世贸组织授权贸易伙伴对中国进行等量损失的贸易报复，贸易伙伴就有可能选择中国的某些工业品进行报复，此时就需要在贸易上略微牺牲某些工业产品，来补贴农产品贸易。中国的工业产品竞争力较强，出口量较大，这种"以工补农"的贸易策略既有利于建立农产品新的贸易规则，又不至于对工业品形成较大的冲击。总之，任何贸易规则的确立都是在可控的状态下大国之间不断冲撞的结果。

（二）嵌入农业全球价值链的高端位置

为了养好"城市中国"，需要积极参与国际农产品贸易，拓展农产品供应渠道，保障农产品有效供给，中国就需要选择嵌入农业全球价值链中的位置。有两种嵌入位置，第一种是日本的租地种粮，选择嵌入农业价值链中游的产中种植环节，租地种粮存在缺陷，因为任何国家对土地的归属都非常敏感，租种他国土地时当地政府往往会表现出各种不合作的姿态，且一旦发生冲突，农产品无法运出，粮食种植在任何国家都是利润单薄的行业，也很难鼓励私人企业外出租地种粮。第二种是美国进入农业技术、农产品流通领域，嵌入农业全球价值链的上游产前生产资料供应环节和下游产后农产品加工、流通环节，在生产领域通过农机、化肥、农药、种子的技术合作提高这些国家农产品产出水平，增加国际市场农产品的有效供给，在流通领域进入农产品仓储、物流、运输、销售等领域，增加对其他国家农产品市场的控制力。

中国应该选择嵌入农产全球价值链的产前和产后部门，进入农机、化肥、农药、种子等技术合作领域和农产品加工、流通领域，避开租地种粮，获得产前和产后部门较高的附加值，整合全球农产品供应能力，提高国际市场控制力，合力满足"城市中国"不断增长的农产品数量与质量需求。

（三）计算规则体系中国化

中国的国内支持水平是高还是低？根据欧盟主导的核算规则，中国目前的农业国内支持水平相当于农业 GDP 的 22%，美国认为中国已经违反加入 WTO 的承诺，并以三大主粮补贴超过入世承诺为由，于 2016 年 9 月 13 日在世贸组织起诉中国，要求中国削减国内支持。但是如果按照农业支持占农民收入的份额来计算，2010 年美国、欧盟、日本、韩国农业支持占农民收入的份额分别为 6. 29% 、6. 75% 、16. 11% 、16. 68% ，均高于中国的 4. 05% ，如果按农业支持占农民收入的绝对量计算，将会比中国高出更多，应该削减国内支持的是欧美而不应该是中国。因此不同的核算规则，计算的结果完全不同，美国主导的计算规则中国不能接受，中国主导的计算规则美国也不能接受，需要在计算规则上进行谈。在谈判方向不应该将精力集中在改变"黄箱""绿箱""蓝箱"三箱结构上，而应该力求改变政策箱的计算依据，基于中国利益诉求提出全新的计算规则体系，通过不断的碰撞与谈判，重构计算规则体系。

参 考 文 献

[1] 曹宝明. 论我国粮食储备制度的进一步变革 [J]. 农业经济问题，1995（6）：18-22.

[2] 程国强. 中国农产品贸易：格局与政策 [J]. 管理世界，1999（3）：176-183.

[3] 陈翰笙，薛暮桥，冯和法. 解放前的中国农村（第二辑）[M]. 北京：中国展望出版社，1986.

[4] 蔡键，唐忠. 华北平原农业机械化发展及其服务市场形成 [J]. 改革，2016（10）：65-72.

[5] 蔡键，唐忠，朱勇. 要素相对价格、土地资源条件与农户农业机械服务外包需求 [J]. 中国农村经济，2017（8）：18-28.

[6] 蔡键，刘文勇. 社会分工、成本分摊与农机作业服务产业的出现——以冀豫鲁三省农业机械化发展为例 [J]. 江西财经大学学报，2017（4）：83-92.

[7] 蔡键，刘文勇. 农业机械化发展及其服务外包的原因分析——源自冀豫鲁三省问卷调查数据的证明 [J]. 中国农业资源与区划，2018，39（2）：230-236.

[8] 陈锡文，赵阳，罗丹. 中国农村改革30年回顾与展望 [M]. 北京：人民出版社，2008.

[9] 陈锡文. 长期坚持党的农村基本政策　稳定完善农村土地承包制度 [J]. 农村经营管理，2002（12）：6-9.

[10] 陈锡文等. 中国农村改革30年回顾与展望 [M]. 北京：人民出版社，2009.

[11] 陈锡文. 人多地少，经营方式怎么转？[N]. 人民日报，2010-10-17.

［12］邓衡山，王文烂．合作社的本质规定与现实检视——中国到底有没有真正的农民合作社？［J］．中国农村经济，2014（7）：15 - 26，38.

［13］杜润生．杜润生自述：中国农村体制变革重大决策纪实［M］．北京：人民出版社，2005.

［14］丁声俊．回顾粮改　成效显著　展望粮改　任重道远［J］．宏观经济管理，2004（10）：30 - 33.

［15］董文杰．财政支农政策对城乡经济一体化发展的效应研究［D］．重庆：西南大学，2017.

［16］董银果，尚慧琴．WTO 多哈回合：各方分歧、受阻原因及前景展望［J］．国际商务研究，2011，32（3）：29 - 36.

［17］［美］盖尔·约翰逊．经济发展中的农业、农村、农民问题［M］．林毅夫，赵耀辉，译．北京：商务印书馆，2004.

［18］高强，刘同山，孔祥智．家庭农场的制度解析：特征、发生机制与效应［J］．经济学家，2013（6）：48 - 56.

［19］高强，周振，孔祥智．家庭农场的实践界定、资格条件与登记管理——基于政策分析的视角［J］．农业经济问题，2014，35（9）：11 - 18.

［20］国务院发展研究中心农村经济研究部课题组．中国特色农业现代化道路研究［M］．北京：中国发展出版社，2012.

［21］郭熙保，冯玲玲．家庭农场规模的决定因素分析：理论与实证［J］．中国农村经济，2015（5）：82 - 95.

［22］韩俊．农业农村发展主要面临四个方面挑战［EB/OL］．（2017 - 02 - 25）．［2018 - 11 - 05］．http：//country. cnr. cn/gundong/20170225/t201702 25_523621394. shtml.

［23］韩俊．工业反哺农业城市支持农村［N］．人民日报，2005 - 11 - 08.

［24］韩俊等．农村税费改革前农民负担状况及原因分析［R］．国务院发展研究中心《调查研究报告》，2006（26）.

［25］韩俊．中国食品安全报告（2007）［M］．北京：社会科学文献出版社，2007.

［26］黄季焜．中国农业面临的挑战和未来的政策取向［EB/OL］．

（2017 - 12 - 14）．［2018 - 11 - 05］．https：//economy. china. com/zlpsym/
1117643 4/20171214/31812665_1. html.

［27］黄季焜．四十年中国农业发展改革和未来政策选择［J］．农业
技术经济，2018（3）：4 - 15.

［28］贺利云．一个种粮大户对土地流转的困惑与期盼——来自湖南
省祁阳县的典型调查［J］．农业部管理干部学院学报，2011（10）：94 -
96.

［29］胡志全等．基于产业要素年代差距分析的农业现代化水平国际
比较研究［J］．中国农业科学，2018，51（7）：1412 - 1420.

［30］黄宗智．"家庭农场"是中国农业的发展出路吗？［J］．开放时
代，2014（2）：176 - 194.

［31］金德群．民国时期农村土地问题［M］．北京：红旗出版社，
1994.

［32］柯武刚，史漫飞．制度经济学——社会秩序与公共政策．北京：
商务印书馆，2004.

［33］孔祥智，何安华．新中国成立 60 年来农民对国家建设的贡献分
析［J］．教学与研究，2009（9）：5 - 13.

［34］孔祥智，周振，路玉彬．我国农业机械化道路探索与政策建议
［J］．经济纵横，2015（7）：65 - 72.

［35］刘大钧．中国农田统计［A］．中国经济学社，中国经济学社刊
［C］．北京：商务印书馆，1927.

［36］刘凤芹．不完全合约与履约障碍——以订单农业为例［J］．经
济研究，2003（4）：22 - 30.

［37］廖鲁言．三年来土地改革运动的伟大胜利［N］．人民日报，
1952 - 09 - 28.

［38］林文声，姚一源，王志刚．食品安全事件网络舆情热度评价研
究：基于 BP 神经网络的方法［J］．现代管理科学，2016（9）：30 - 32.

［39］林毅夫．制度、技术与中国农业发展［M］．上海：上海三联书
店，1992.

［40］林毅夫，蔡昉，李周．中国的奇迹：发展战略与经济改革［M］．
增订版．上海：上海三联书店，1999.

[41] 李燕凌，王珺．公共危机治理中的社会信任修复研究——以重大动物疫情公共卫生事件为例 [J]．管理世界，2015 (9)：172 – 173.

[42] 陆正飞，章江益．省级粮食储备调控问题研究 [J]．管理世界，1997 (2)：168 – 174.

[43] 马东，逯文娟．微访谈之对中国食品安全整体好转的期望 [J]．食品安全导刊，2014 (1)：30 – 31.

[44] 门峰．乌拉圭回合农业谈判日本采取的对策及给我们的思考 [J]．日本问题研究，2001 (3)：1 – 6.

[45] 马九杰，徐雪高．市场结构与订单农业的履约分析 [J]．农业经济问题，2008 (3)：35 – 41.

[46] 马晓河．中国农村 50 年：农业集体化道路与制度变迁 [J]．当代中国史研究，1999 (5)：70 – 87.

[47] 马晓河．新时期我国需要新的粮食安全制度安排 [J]．国家行政学院学报，2016 (3)：26 – 28.

[48] 米运生，罗必良．契约资本非对称性、交易形式反串与价值链的收益分配："公司＋农户"的温氏模式为例 [J]．中国农村经济，2009 (8)：12 – 23.

[49] 穆中杰．共和国粮食收购政策的演变及其启示 [J]．经济研究导刊，2011 (20)：12 – 14.

[50] 聂辉华．最优农业契约与中国农业产业化模式 [J]．经济学，2013 (1)：313 – 330.

[51] 农牧渔业部计划司．农业经济资料 (1949—1983) [M]．北京：农牧渔业部计划司，2003.

[52] 聂振邦．中国粮食发展报告 [M]．北京：经济管理出版社，2009.

[53] 彭超．我国农业补贴基本框架、政策绩效与动能转换方向 [J]．理论探索，2017 (3)：18 – 25.

[54] 潘劲．中国农民专业合作社：数据背后的解读 [J]．中国农村观察，2011 (6)：2 – 11.

[55] 秦明，范焱红，苏毅清，王志刚．福建省食品安全监管体系现状分析 [J]．中国食物与营养，2015, 21 (11)：8 – 12.

［56］任端平，郗文静，任波．新食品安全法的十大亮点（一）［J］．食品与发酵工业，2015，41（7）：1－6.

［57］盛洪．现代制度经济学（下卷）［M］．北京：北京大学出版社，2003.

［58］宋洪远．"九五"时期的农业和农村经济政策［M］．北京：中国农业出版社，2002.

［59］尚杰等．农业经济学［M］．北京：科学出版社，2015.

［60］苏明．国家财政"三农"支持政策的回顾与展望［J］．中国农村改革与发展研讨会，2008，23（31）：52－58.

［61］苏毅清，范焱红，王志刚．食品安全问题细分及其治理的新思考［J］．中国食物与营养，2016，22（8）：5－9.

［62］唐忠．对中国农业发展模式的一点思考，《干部大讲堂》推荐书稿．

［63］唐忠．改革开放以来我国农村基本经营制度的变迁［J］．中国人民大学学报，2018，32（3）：26－35.

［64］魏后凯．中国农业发展的结构性矛盾及其政策转型［J］．中国农村经济，2017（5）：2－17.

［65］吴娟，王雅鹏．我国粮食储备调控体系的现状与完善对策［J］．农业现代化研究，2011（6）：661－665.

［66］武力．过犹不及的艰难选择：论1949—1998年中国农业现代化过程中的制度选择［J］．中国经济史研究，2000（2）：87－98.

［67］王林贵．完善国家粮油储备调节体系［J］．瞭望新闻周刊，1997（1）：6－7.

［68］王志刚．市场、食品安全与中国农业发展［M］．北京：中国农业科学技术出版社，2006.

［69］王志刚．农产品批发市场交易方式的选择：理论与实践［M］．北京：中国农业科学技术出版社，2003.

［70］徐金海．政府监管与食品安全［J］．农业经济问题，2007（11）：85－90，112.

［71］徐绍史．国务院关于生态补偿机制建设工作情况的报告［R］．中国人大网，2013－04－23.

[72] 徐旭初. 农民专业合作社发展辨析：一个基于国内文献的讨论 [J]. 中国农村观察, 2012 (5)：2－12.

[73] 谢旭人. 构建完善财政支农政策体系　谱写"三农"科学发展新篇章 [J]. 农村财政与财务, 2012 (12)：2－3.

[74] 谢扬. 九七话"粮改"[J]. 改革, 1997 (3)：49－52.

[75] 萧铮. 中国人地关系史 [M]. 台北：台湾商务印书馆, 1984.

[76] 梅成建. 农业机械化的投资、经营体制与运作机制状况的问题与对策 [J]. 中国农村经济, 1998 (5)：31－37.

[77] 姚今观等. 中国农产品流通体制与价格制度 [M]. 北京：中国物价出版社, 1995.

[78] 严瑞珍. 农业产业化是我国农村经济现代化的必由之路 [J]. 经济研究, 1997 (10)：74－79.

[79] 杨霞. 千亩土地流转的背后 [J]. 农村经营管理, 2012 (3)：12－13.

[80] 叶兴庆. 农业发展面临四大挑战推进改革需四方面发力 [N]. 经济日报, 2016－12－15.

[81] 杨印生, 郭鸿鹏. 农机作业委托的制度模式创新及发展对策 [J]. 中国农村经济, 2004 (2)：68－71.

[82] 邹彩芬, 王雅鹏, 罗忠玲. 民间粮食储备研究综述及其政策启示 [J]. 乡镇经济, 2005 (7)：10－13.

[83] 赵涤非. 中国农产贸易开放过程中的若干问题及治理研究 [M]. 北京：经济科学出版社, 2016.

[84] 赵冈. 历史上的土地制度与地权分配 [M]. 北京：中国农业出版社, 2003.

[85] 赵冈, 陈钟毅. 中国土地制度史 [M]. 北京：新星出版社, 2006.

[86] 周海文, 王志刚. 欧盟食品质量安全政策的特点及其对我国的启示 [J]. 现代管理科学, 2017 (1)：9－11.

[87] 张红宇等. 我国普通农户的未来方向 [J]. 农村经营管理, 2017 (9)：19－24.

[88] 周立群, 曹利群. 农村经济组织形态的演变与创新——山东省莱阳市农业产业化调查报告 [J]. 经济研究, 2001 (1): 69 - 75, 83 - 94.

[89] 周立群, 曹利群. 商品契约优于要素契约——以农业产业化经营中的契约选择为例 [J]. 经济研究, 2002 (1): 14 - 19, 93.

[90] 诸济. 推进乌拉圭回合谈判的蒙特利尔会议 [J]. 国际展望, 1988 (24): 7 - 8, 13.

[91] 朱启臻, 胡鹏辉, 许汉泽. 论家庭农场: 优势、条件与规模 [J]. 农业经济问题, 2014, 35 (7): 11 - 17.

[92] 郑适, 秦明, 王志刚. 媒体监管对消费者食品消费意愿的影响——基于北京、聊城、德惠三市的问卷调查 [J]. 商业经济研究, 2016 (20): 49 - 52.

[93] 曾晓昀. "粮食安全" 概念的法定理解——整理于中国《粮食法》即将颁布之际 [J]. 法制与经济 (中旬), 2012 (12): 54 - 55.

[94] 曾寅初. 国际化时代的产业竞争与合作——东亚农产品贸易与直接投资研究 [M]. 北京: 中国经济出版社, 2005.

[95] 周永刚, 王志刚. 基于国际比较视角下的我国食品安全监管体系研究 [J]. 宏观质量研究, 2014, 2 (2): 74 - 81.

[96] 周应恒, 胡凌啸. 农业投入的财政核算: 2010—2015 年 [J]. 改革, 2016 (8): 87 - 97.

[97] 张月群, 王思明. 毛泽东 "先合作化后机械化" 思想探析 [J]. 毛泽东邓小平理论研究, 2011 (9): 61 - 64.

[98] 张月群, 李群. 新中国前 30 年农业机械化发展及其当代启示 [J]. 毛泽东邓小平理论研究, 2012 (4): 53 - 59.

[99] 章有义. 本世纪二三十年代我国地权分配的再估计 [J]. 中国社会经济史研究, 1988 (2): 3 - 10.

[100] 钟真, 谭玥琳, 穆娜娜. 新型农业经营主体的社会化服务功能研究——基于京郊农村的调查 [J]. 中国软科学, 2014 (8): 38 - 48.

[101] 张照新. 建立新型农业支持和保护体系研究 [C]. 农业部软科学委员会办公室. 农村改革与统筹城乡发展 [M]. 北京: 中国财政经济出版社, 2010.

[102] Binswanger, H. P. , K. Deininger, and G. Feder. *Power, Distortions, Revolt and Reform in Agricultural Land Relations* [J]. *Handbook of Development Economics*, 1995 (3): 2659 – 2772.

[103] Gao Shangquan, Chi Fulin. *The Reform and Development of China's Rural Economy* [M]. Beijing: Foreign Languages Press, 1997.

[104] Ortega, D L. , H H. Wang, L. WU, et al. *Modeling heterogeneity in consumer preferences for select food safety attributes in China* [J]. *Food Policy*, 2011, 36 (2): 318 – 324.

[105] Sicular T. *Agricultural Planning and Pricing in the Post – Mao Period* [J]. *The China Quarterly*, 1988 (116): 671 – 705.

.